HEART

心|視野

HEART

心|視野

蘇菲・漢娜 Sophie Hannah——著 姚怡平——譯

成大事者，懂記仇

國際巨星、奧斯卡獎得主、暢銷作家……
謝謝那些不甘心、被輕視、被冒犯的一切，把怨恨化成變好的動力

How to Hold a Grudge

From Resentment to Contentment—
The Power of Grudges to Transform Your Life

目錄

第3章 這些事，你應該好好記仇

目錄

目錄

好評推薦

「若想不透英國驚悚推理作家蘇菲・漢娜不尋常的腦袋裡，究竟發生什麼事，可以閱讀本書，內容十分有趣，也是了解她想法的絕佳作品。書中解釋她喜歡把人類動機解析到次原子的程度，說明她編寫的角色往往會用異常行為回應正常事件，可以看出這些角色的內在邏輯（也有她的內在邏輯，畢竟是作者），只是在別人眼裡，看起來怪裡怪氣罷了。」

——莎拉・萊爾（Sarah Lyall），《紐約時報》駐倫敦記者

「對於追求心靈的誠摯、輕盈不依附的關係、甜言蜜語又關愛的和善，她以開心調皮的語氣代替指責。」

——《華爾街日報》

「本書讓你做好更周全的準備，評估以下這些人對你的重要性：對你強人所難的人、政治觀點與你不同的人、經常輕視你能力的人……。不要輕易原諒與遺忘，也許才是明智之舉。」

——《時代》雜誌

「小心照料內在的不滿，有什麼不好？英國推理小說家蘇菲．漢娜提出有趣又違反直覺的評論。」

——《時人》（*People*）雜誌

前言
記仇很負面？但也有不少貢獻

假如我和妹妹沒有以下的對話，這本書永遠不可能問世：

我：我想寫心靈勵志書，書名是《怎麼當個受氣包》，表面上是提倡當濫好人，描述濫好人會碰到的情況，但真正的目的是要說當受氣包沒什麼好處，這是一本反向心理學的勵志書。

妹：妳最好不要寫這種書。

我：為什麼不要寫？

妹：因為妳不是受氣包也不是濫好人，這種主題的書只該給真正的受氣包寫。

我：哦……我不是嗎？

妹：不是。

我：哦，那我是怎樣的人？

（我這時候聽起來不就很像受氣包嗎？還要問別人我是怎樣的人？我是說，誰會這樣做啊？）

＊按下倒帶鍵＊

我：哦，那我是怎樣的人？

妹：妳是記仇的人。

我：哈！嗯，很明顯啊！誰不會啊？大家都會記仇。

妹：不會像妳這種記仇法。我認識的人當中，就妳最會介意，還會蒐集、分析、保存那些怨恨。

我：等一下……可是我都有給他們第二次機會。不管對方做了什麼，我從來沒有封鎖他們。美國印第安納波利斯（Indianapolis）的狄蘭，他一直在推特上攻擊我，還記得吧？最後我向他提議，跟我一起在文學節辦活動，我們可以在觀眾面前討論我這個人到底是還可以，還是很糟糕。

妹：有發生這種事？我不知道。妳真的這樣提議？

我：對。

妹：嗯……那樣蠢斃了。妳該不會覺得自己不會記仇吧？

我：我是會記仇，但沒什麼不好啊……我記的是良好的怨恨。

妹：有差嗎？

我：當然有差。

妹：差在哪？

我：妳是認真問嗎？妳真的不知道嗎？也許我寫的書應該叫做《如何記仇》，不過這種書，搞不好有十幾本了，我上網查一下……

你知道嗎？在我寫這本書以前，坊間沒有一本談論「怨恨」的書，好像沒人把怨恨當成心理現象來分析，也沒人針對怨恨的處理與思考提出建議，更沒人檢討怨恨在人生中扮演的角色。你有料到這樣嗎？我是沒有。

在人生經驗中，怨恨的存在十分普遍，可說是重要又有趣。怨恨啟發了歌曲、電影、書籍、政治職業，甚至建築（見第五章）。人會記仇，會試著放下怨恨，也會偶然發現自己認識的某個人對自己記仇。

二〇一六年一月，我跟妹妹有了以上的對話，世界也急需一本以記仇為主題的書。既然我身旁都是些懶骨頭，沒有一絲跡象會出版這種主題，那我決定親自動筆寫。

本書詳述了大家必須知道的怨恨類型與主題，教你如何替怨恨分級、了解怨恨與非怨恨有何差異（兩者差異並不明顯）、懂得何時該放下怨恨、如何管理怨恨開支、如何尊重內心的怨恨，並從中記取教訓，最後成為更美好、快樂的人，這不僅是為了自己，也能在這世上散播良善、減少傷害。

你不僅會看到我的記仇故事，還有眾多如雪片般寄來的故事。我會在不重要的細節上稍作更動，例如，印第安納波利斯的狄蘭，在現實生活中可能是芬蘭赫爾辛基（Helsinki）的蓋瑞（當然不是他，我可不希望被告）；侄女也許會改寫成弟妹；寵物兔也許會改成寵物鼠；故事背景可能會從英國貝辛斯托克（Basingstoke）搬到美國波士頓（Boston）或西班牙巴塞隆納（Barcelona）。有時，書裡提到的人物看起來是我認識的人，但實際上已經被我封鎖。

本書提出的建議、理論，除非註明是他人提出，否則一律是我獨自發想。我不是心理治療師，不是受過訓練的諮商師，也不是心理健康專家，我是擁有四十七年活躍又經驗豐富的記仇者，請記住我妹妹說的：「我認識的人當中，就妳最會介意，還會蒐集、分析、保存那些怨恨。」

對記仇主題懷有濃厚興趣，或者你反對本書提到的部分或所有內容，我都樂意傾聽，不管你是贊同還是反對，都可以聯絡我，請至我的網站 www.sophiehannah.com，點選「Contact」（聯絡），或是寄信到我的信箱 grudgescanbegood@gmail.com。

書中還有兩位深獲我敬重信任、經驗豐富的治療師，我請她們閱讀初稿，並寄回心得感想，分別是海倫．艾克頓（Helen Acton）與安．葛雷（Anne Grey），她們提出的見解已收錄於本書。她們的簡介如下：

海倫．艾克頓

於英國劍橋執業，擁有 BACP* 和 UKCP** 執照的存在心理治療師†，並在劍

---

* 英國諮商與心理治療協會（British Association for Counselling Psychotherapy, BACP）。

** 英國心理治療協會（The UK Council for Psychotherapy, UKCP）。

† 「存在心理治療」是指將存在主義哲學運用在心理治療上。存在主義反對理性主義、實證主義，以及主張物質主義的工業革命，認為這些會使人更遠離自己及所處社會，強調個體存在性與「不斷成長」的過程。

橋大學三一學院（Trinity College）任職。

安．葛雷

情緒釋放療法的治療師，療癒者基金會（The Healer Foundation）會員，BCMA委員。她在執業期間提供輔導與訓練，過去十年來是「揚升冥想」*老師。目前正在寫書，書名是《處於當下的悠然自在》（*The Grace and Ease of Now*），該書匯總了她從執業和靜觀當中獲得的心得。

* 揚升是指個人開始意識到自己的內在有一個更高的自我存在，並意識到一切答案都在自己的心中，透過意識的深層冥想，讓身體的頻率提升。

第 1 章

與其粉飾一切，不如好好記仇

「大家都以為自己必須憑著幻想粉飾一切，才能過著幸福人生。例如假裝壞事不壞、假裝惡劣的事情不惡劣、假裝別人對自己好但其實不好。我們最好實際點，應該找出方法來面對負面事物，不要粉飾任何事，才能認清並處理問題；如果大家都以為，原諒和遺忘是最健康的做法，事實上，並非如此。」

——菲比．瓊斯（Phoebe Jones），十六歲

大家都會默默記仇，但因為世俗眼光，多數人會覺得不該記仇，甚至否認自己記仇。總認為懷恨在心太負面，應該要原諒對方，往前走，不是嗎？

錯了。

其實，不盡然全錯，但有點說對了，只是方向錯了。你摸不著頭緒嗎？請繼續往下讀，很快就能理解我的意思。

想過上幸福人生，當然必須正面思考，但有一點更為關鍵，要怎麼做才能到達正向境界？否認負面情緒與經驗，希望從記憶中消失，期望內心感受與想法能回到事發之前，其實不會變好，反而會造成更多痛苦、衝突與壓力。

那麼，該怎麼做呢？答案很簡單：「好好記仇。」

「這到底是什麼意思？」你肯定會這樣問，繼續讀下去，很快就會明白了。不過，我暫時先給一個簡短的答案（其實是同一個答案，只是措辭比較正常）：「應該先記仇，然後再原諒，往前走，同時還要繼續記仇。」聽起來很矛盾？本書的使命就是解釋這種說法為什麼不衝突，並列舉幾個簡單的步驟，幫你好好記仇。

我竟然鼓勵讀者記仇，是認真的嗎？是，我是認真的。首先要請你思考以下問題：

人們常說：「不要記仇，因為記仇對你不好，也不是很好的心態。」

如果他們錯了呢？

如果記仇對自己有好處呢？

如果記仇就像心靈上的綠葉蔬菜，營養豐富又能讓自己強壯呢？

如果不一定要接受「怨恨」的傳統負面定義，而是考量怨恨所具備的力量，轉化成更好、更精確的定義呢？

如果怨恨能夠阻擋危險，甚至幫助自己或有利他人呢？

我有個好消息，前述這些「如果」，說法都正確無誤。**記仇不一定會讓人滿懷恨意，也不一定讓人苦澀悲慘，如果是以開明的方法記仇將更懂得原諒，也能幫助你尊重自己的情感里程碑，從中記取人生教訓，了解自己的價值觀、期望、需求與優先事項，這就好比是一連串的墊腳石，為你指出正確方向，通往最好的未來。**

接著讀下去，你就會懂得如何正確記仇，邁入更快樂、開悟的人生……就算你現在質疑我的理論（或許你讀到書末就被我說服了），但看到一些有趣且令人瞠目結舌的真實故事，也會覺得頗有意思。

只要是人，都會累積怨恨

有人樂於承認自己愛記仇，有人則不然。當時，我在推特上宣布自己正在寫這本書，大家出現了各種有趣反應。英國作家喬安娜．坎儂（Joanna Cannon）說：「我餵養澆灌內心的怨恨，視它們為小巧奇特的植物，等不及要讀一讀。」另一位女性茱莉斯（Jules）說：「我和妹妹的專長就是『記仇』，我們記的仇，如軍團般強大。」

據我猜想，我、喬安娜、茱莉斯對於記仇的理解十分類似，因為我們覺得記仇具有正面價值，沒理由假裝自己很坦然或試圖擺脫怨恨，因此我們很享受記仇的滋味並引以為榮。

就我個人來說，我認為經常跟別人相處總會累積一些怨恨，除非是像瑞秋（Rachel）一樣幸運的人，當她聽到本書的消息時，在網路上留言回應：「我是無能的怨恨看守人，頂多掙扎一個小時就結束了。基本上，我就是太懶了，希望這種情況不會危及生命。」

我兒子跟瑞秋一樣，懶得記仇。如果有人對他很惡劣，他只希望事情趕快過去，因為他不想理會任何惹他生氣、不開心的問題或事物。不過，他並不會否認這件事的發生，只是不去想，總抱持著「誰會在乎啊？快走開」的心態。一旦不愉快的感覺結束，這些事就會從他身上滑開，彷彿雨滴從打蠟的車子上滑落。

但我不是，任何對我（或別人）的惡意與無禮，我總希望終止在當下，並進一步思考它（還有什麼比這更有趣）。例如，這次對我不好的人很危險嗎？還是僅此一次？從今以後，我應該怎麼看待他？每次的情況都像一道待解的謎題，等著我去探索，正因為我的正職工作是犯罪小說家，嗜好也是讀犯罪小說，所以經常熱中於謎題，也連帶對怨恨抽絲剝繭。

我女兒跟我一模一樣，如果有人對她或她在意的人很惡劣、刻薄、忽視或不公平，惱火程度遠超過我兒子。不過，她認為卑鄙、做壞事是人類行為的一部分，因此喜歡分析這些惡，也試著描述得精采生動、有條不紊；我也是如此，所以我們是專心一致又熱中的記仇者，但我兒子懶得記仇，似乎是沒有任何怨恨。

我兒子不記仇的方法，我猜可能是唯一健康又無害的。若將記仇比喻成年輪，他彷彿是沒有年輪的樹幹，但一樣茁壯成長，這其實沒有不好。

具體的怨恨模樣

為了撰寫這本書，我開始進行調查，也想了很多跟怨恨有關的形象，腦海裡浮現的第一個畫面是年輪，接著是長滿刺的仙人掌，然後是包著漂亮色紙的小方盒，上頭繫著蝴蝶結。

後來，我請人們畫下他們心目中對於怨恨的模樣，並寄信給我，其中有兩張圖深得我心：一張是某人的雙手捧著紅色、圓形的球或星球，手指上掛著一些單字和片語，如「碎裂的心」、「被遺忘的生日」、「不公的解雇」；另一張圖是某種怨恨生物，像雲朵的形狀，看起來脾氣暴躁*。

最後，我選定的怨恨圖像是禮盒，畫出脾氣暴躁，名為「怨恨」生物的人，對怨恨的感受和想法，肯定與我截然不同。我之所以沒請兒子畫圖，是因為他對怨恨不感興趣，肯定會一邊翻白眼一邊說：「不要，懶。」但我也不會放在心上，更不會刪除有關他的遺囑，也不會指責他不是我兒子！其實像他一樣不記仇的人，大有人在，他們對不好的事覺得到無趣，就像我對蒸汽引擎史的軼聞感到無聊（我的錯，我不是說蒸汽引擎不好）。因此，只要事件一結束，他們會毫不費力地拋諸腦後。

但萬一你跟大部分的人一樣，會記得每一個細節呢？比如，好友未經允許，把你的祕密告訴郵差；表妹曾經把巧克力餵給你的狗吃，害牠生病，往後只要她到你家就會背地裡罵她髒話。如果你是「這種人」，其實就跟多數人一樣，當你本能大喊「真的，這件事肯定該記仇」，但試圖背道而馳，不是好主意。

「這種人」？我指的是哪種人？

哎呀，當然是普通人，我們每天都會看到的一般又普通的人，當他們被惹生氣時，會感到被冒犯；當信任的人辜負自己時，會感到被背叛；當自己被錯待、被中傷、被尖銳木棍戳中眼睛、被不合理強迫時，會感到惱怒。因此，**否認或抑制天生的記仇本能，有害自己，也有害世界**（第六章會解釋原因，請不要跳過去看，以免產生作者和讀者間的怨恨，要按照順序閱讀才能理解本書的論點）。

---

* 類似圖像見本書德語版封面《*Von wegen vergeben und vergessen!*》。

心理治療師懂記仇

人們不應試圖壓抑內心情緒，應接受自己的受傷、悲傷、憤怒是自然反應，讓這些強烈情緒停留原處，不要妄加評斷。

——安・葛雷

很多人從小被灌輸「記仇」是小心眼、缺乏慈悲心、惹人厭的行為，這意味著當我們此生遭受到不敬、惡劣至極的對待時，我們不能採取最好、最聰明的應對方式。

當我宣布寫這本書時，有一種人的反應是：「哦！記仇法怎麼會有用！記仇是小氣又陰森的行為，要往前走、放下才對！」我喜歡這種回答，因為它簡單呈現我所面臨的難題：說服認為記仇是負面又有害的人，讓他們相信兩件事——

1. 記仇是正面且有益的行為。

2. 多年來，你們對怨恨的見解和用法都是錯誤的。

本書的宗旨是，對記仇提出更精準的心理定義，以便讓人做到以下兩點：

1. 永遠以更樂觀的方式思考怨恨。

2. 開始整理自己的怨恨。

當我寫這本書時，請大家分享自己的怨恨故事並寄給我，其中不乏有人驚慌地說：「我應該沒有吧！我不會記仇。」

「哦，好，沒關係，」我說，「那問你別的問題，你有沒有因為某個人做了某件事，導致你現在對他的感覺不一樣了？」這時，每個人幾乎精神都來了，紛紛回答「哦，有！我母親穿一身白來參加我的婚禮」、「繼母買了我心儀的外套，卻從來沒穿過」、「B隊有個女生故意絆倒我，害我受傷，是為了取代我在A隊的位置。」。一次又一次地，人們對我說自己不會記仇，想不到有什麼好懷恨在心，但在提出某件耿耿於懷的事後，卻說那不是怨恨。根據我的定義，**這正是怨恨**。

第二章與第三章會更詳細探討怨恨的區別與該有的模樣；假如你認為怨恨是「小氣又陰森的行為，必須放下往前走」，那當別人問你有沒有記仇的事情時，顯然不會開心跳起來、舉手說：「有、有，我有！我有本怨恨集，我幫你完整導讀一下！」試想有誰會把自己看成是小氣或陰森的人，但我會證明記仇的保護作用，不僅能改善人生，還很有意思。

希望讀完本書後，能幫你與你所愛的人，培養出強大的記仇能力來面對世界，重要性如同騎重型機車上高速公路前，應先戴好安全帽、沒喝四瓶伏特加一樣。相信我，說的是真的！

現在，我想問你一個問題：你說得出懷恨在心的頭五件事嗎？我可以，但十分鐘後就會調整順序，比如第三件和第四件事調換，還可能嘗試「討論」……因為，對，我就是那種怪人。例如我會問這件事排「第一名」的原因是最嚴重的嗎？還是最有趣？

等一下……有趣？有些人可能會納悶：「記仇怎麼會有趣？不是苦澀、憎恨又腐蝕人心嗎？」如果你是這樣想，就來對地方了。我最初意識到自己很想寫這個主題，是因為我想說服你只要正確處理怨恨，就會帶來絕佳好處。如果你會咧嘴笑說：「記仇當然有趣……誰會質疑？」那麼你一定會特別愛這本書。除非你是基於錯誤的理由才會覺得有趣，後續會在適當時機談到。

現在，我先說一則自己的記仇故事，在我的心裡地位特殊，意義重大……

記仇事件①

在門口倒立的麥可：越線型

多年前，我去了英格蘭西南區的艾希特市（Exeter），參加一場跟工作相關的活動，由於是在晚上舉辦，當晚無法來回，剛好有我認識多年的好友是一對夫妻，住在離艾希特市不遠的地方，加上他們有多一間房間，所以很樂意讓我借住一晚。

他們有兩個小孩和一隻狗，不過小孩多年前就不住家裡，所以這則故事會出現的人物只有先生、太太、狗，名字分別為麥可、琳達、荷巴。荷巴是體型嬌小的邊境㹴*，喜歡窩在溫暖的地方，例如自己與別人的床、堆滿羊毛衣的抽屜與衣櫃。

他們很愛荷巴，唯獨麥可到了非常痴迷的程度。即使荷巴只是窩在家裡某處，不會有安全疑慮，但如果不能知道牠的確切位置就無法放心。麥可回家後，問琳達的第一個問題通常是「荷巴在哪裡」，如果無法馬上回答「廚房的藍色椅子上」或「坐在客廳暖爐旁」等肯定答案，就會立刻變臉，好似琳達沒盡到監視的職責。

* 邊境㹴是一種來自英國的㹴犬，體型較小。

我很清楚要是待在麥可家一晚，會親眼目睹他過度關注荷巴的怪癖。因為先前幾次拜訪，我就被問過以下問題：

1. 我願不願意讓出沙發改坐在木椅上，因為他猜荷巴想坐沙發？
2. 我介不介意開著房門睡覺，方便荷巴晚上進出客房？

這兩個問題，我盡量以幽默、不冒犯的方式婉拒，他也很有風度地接受。麥可是第一個自嘲並承認對他家的狗，已經到了有點神經質的程度，我不在意還覺得十分有趣，因此很喜歡去他們家作客。有一點也很有意思，琳達雖然不像麥可神經質，卻願意包容另一半的怪癖，幫他監督荷巴，隨時回答牠的所在之處。

那晚，我大約十點到他們家，一起喝茶，到了十一點，我說我要睡覺了。但其實以我平日的標準來說，十一點還算早，因為我除了要照顧兩個未滿三歲且經常半夜醒來的小孩，還要忙著寫書，每週出席一次讀詩會或活動，距離我的住處需要一個半小時的車程。

我向麥可和琳達解釋自己已筋疲力盡，隔天還要早起開車回家，想享受今晚不被小孩干擾的幸福。接著，我躺到床上，進入熟睡。

就在下一刻，我突然驚醒，緊抓著羽絨被就像拿著盾牌護住身體。體內的腎上腺素快速流動，我心想：「肯定出事了。」睡意朦朧又感到恐懼的我，雖然不知道發生什麼事，但有三個重要線索：

1. 房間的燈亮了。
2. 我的房門大開。
3. 麥可似乎在門口倒立，他的腦袋比身體還低，幾乎是靠近地板。

我看了幾秒鐘才明白，他的頭是在地板附近沒錯，但沒有倒立，只是彎腰，頭在腳旁邊，看著床底下，不過睡在那張床上的是魂飛魄散的我。

當時，我很想哭，竟然笨到相信會有一個熟睡、不被打擾的夜晚。因為在家被吵醒，是能預料到兩個小孩會半夜醒來，所以不會感到驚嚇。但那晚的情況，比被自己小孩吵醒還要糟糕，我實在想不出麥可有什麼正當理由可以打開我的房門、開燈，彎腰看我的床底。

我等著他向我說「對不起，吵醒了我」，畢竟他沒敲門就直接進來，甚至還開了燈！但他絲毫沒有歉意，也沒留意到我嚇得倒抽一口氣，緊抓著羽絨被，因為他竟然說：「我找不到荷巴，或許牠跟妳在一起。」

麥可靠得更近，還跪了下來，把頭塞到床底下，掃視一番。最後起身嘆了口氣：「沒有，牠沒在床底下。」接著逐一打開每個櫃門和抽屜，看看荷巴是否窩在某處。

我實在記不得當時的穿著，總之不會太暴露或性感，但可能是老舊磨損的T恤，這也讓我鬆了一口氣。不過對麥可來說，荷巴不見一定遠勝過我穿很少的衣服。正當我這樣想時，琳達突然大喊：「麥可，找到了！牠在這裡，在沙發上。」所謂的「這裡」是麥可的書房。當下我腦中浮現了很怪異的想法，彷彿有什麼東西闖入或現身在腦海。「這是很重要的一刻。」我對自己默默說著，但還是沒能理解原因。

書房位在我睡的客房隔壁，雖然中間僅隔著薄薄的隔間牆，對我來說卻變得格外重要。麥可二話不說，前去確認琳達的話。離開時，還關了客房的燈，也順手帶上房門。我拿起手機看時間，十二點半。我決定抓緊剩下的時間睡覺，並對自己說：「現在不該釐清這件事的意義，它很重要，我不可以忘了，之後一定要盡快整理清楚。」下定決心後，我再度入睡，謝天謝地，接下來都沒發生其他嚇人的事。

心理治療師懂記仇

「釐清事件的意義」是一種回應自己被冒犯的實際做法；也能允許自己不帶評斷地接受當下情緒，讓你透過自然直覺與內在認知，浮現更清晰的智慧。

——安・葛雷

隔天，我一邊開車回當時的住處西約克郡（West Yorkshire），一邊想著麥可在門口倒立的情景。雖然我記仇的這件事跟麥可有關，但沒有影響我們的友誼，也不會對他記仇。第二章會描述到記仇的原則應該對事不對人，不能含有一絲討厭對方的意味。

雖然我不喜歡半夜被吵醒，但我對麥可的行為，與其說是責怪，不如說是憐憫。因為我知道麥可牽扯到荷巴的事就會失去理性，那晚讓我大開眼界，他竟然一時找不到荷巴，魯莽闖進我睡覺的房間。我認為麥可無意帶給我傷害，也確實沒有，因為他直接開門，躡手躡腳走進來、四處找，或許是怕吵醒我，儘管是在開著燈的狀況下！

話雖如此，我還是對這件事記仇，這算是特殊的怨恨，在我的「怨恨櫃」裡占有一席之地。儘管麥可沒有惡意，但我為什麼決心記住這段插曲？其中一個原因在於，那是我第一次在怨恨出現的那一刻，意識到這就是「怨恨」。在此之前，我都是採取別種記仇模式，也就是當某事發生後，我知道自己生氣、不開心，但過了一段時間，怨恨依舊存在，沒有任何變化。

我為麥可事件下了一個標題，稱為「在門口倒立的麥可」，我之所以會把怨恨全都加上標題，是因為有利於登記分類。這起事件發生時，我很清楚內心的怨恨同時正在形成，而且會永遠留在心裡。但我也留意到一個狀況，當我突然被吵醒，從飽受驚嚇的心神恢復後，沒有生氣而是好奇，使我認定此事的重要性，也急於了解背後的意義。

以前，我的怨恨都是自然而然形成，麥可事件卻讓我察覺自己需要某種內在驚嘆號或心理書籤，是第一次有自覺地想產生一個怨恨，這對我來說，是記仇的轉捩點，換句話說，就是有記仇的必要，但那時的我還沒發現，是後來才逐漸對記仇的定義更加具體。

那天晚上，我細細琢磨這則故事，除了要呈現最佳內容，還要牢牢記住並訴說出來。最奇怪的是，我很清楚需要聆聽這則故事的聽眾，是我自己。

那是十三年前的事了，此後我就習慣記仇，稱為「有意產生的正向怨恨」，通常在發生事件的當下，就能意識到這是「怨恨」。「在門口倒立的麥可」是我的第一起記仇事件，當時我還不明白為什麼要真實描繪故事（我說的「真實」是指盡量清楚又準確），也不明白為什麼那是一種新形成的怨恨，如果你問當時的我有沒有記仇？我可能不會承認，因為我還沒體會到記仇的好處。

現在暫時回到「在門口倒立的麥可」，我思考這件事時，發現了三個重要特徵：

1. **麥可吵醒我之前，沒先去其他地方找荷巴**。如果他先去別處看，不僅沒有這則故事，也不會有怨恨。因為琳達找到荷巴的地方就是麥可的書房，是我睡的客房隔壁。當時書房明明空著，為什麼他不先去查看，或者找了整間房子後，再闖進我睡的客房？難道他覺得我的睡眠和隱私不重要嗎？
2. **他沒打招呼，就進入客房**。這有可能吵醒我，還會嚇到我（他也的確嚇到我），讓我手足無措；以他對我的了解，我也很有可能裸睡。
3. **從頭到尾，沒有一句道歉**。要是有人半夜跪在你床邊，沒必要地吵醒你，也沒有一句道歉，實在讓人很難不在意。在我隔天離開前，他也沒有補上道歉：「順便說一下，昨天晚上吵到妳，對不起。」更沒有輕鬆愉快地一句「不好意思」。我能了解麥可並不樂見自己的行為讓我那晚變得糟糕，但他的確忽略我的感受，甚至隔天早上也是。在他眼裡，好像我眼睛沒流血、身體沒有懸掛在十五樓的窗外，就表示我很好。或許就是這種想法，才讓他自顧自地只想著自己。

我很清楚，麥可連一秒鐘都不認為自己當主人的表現很差，也不擔心我以後不想去他家過夜。麥可言行真誠、講義氣，就算我碰到危險，他也絕對會把我的安全列為優先，跳到前方替我擋掉攻擊，無論是我還是他關心的人，他都會這樣做。

但麥可有一個不好的習慣，只要是他想做的事，就會忽略他人的感受，認為對方不會在意。這個總結是我開車回家的路上突然想到，沒想到認識他這麼久，竟然這時候才發現。我體會到麥可為了減緩焦慮或達到自己的目的，不認為讓我承受一點點的不便、短暫的惱怒、輕微的驚慌有什麼不妥。只要在日常生活或非危機的情況下，我看起來「沒有大問題」，他會犧牲我的感受，不擇手段。即便有人對他提出質疑，他也會合理化自己的行為，儘管他的表現讓我感覺很差。

心理治療師懂記仇

麥可這種舉動稱為「不自覺」行為，他關注並認同自己的想法與情緒，沒察覺別人所受到的影響。更重要的是，他沒發現自己可以往後退一步，以更寬廣的角度處理問題，明白只要自己願意，或許就能改變原先做法。

——安．葛雷

回想對方過往的日常行為

那天半夜，我所領悟到的重點，使我的潛意識對我說：「現在，妳該體會這個男人向來會有什麼表現。」這使我的記憶櫃裡，紛紛跳出有關麥可的其他事件，加入這個剛形成的新鮮故事。

有些事跟我以往在他家過夜特別有關係。我剛認識麥可時，他早上最喜歡大聲放音樂，即便我還沒睡醒，他還是會放著超大聲的皇后樂團（Queen）或齊柏林飛船（Zeppelin）吵醒我，但因為以前還沒有一份很在乎的工作，也沒有小孩，所以即使睡得不舒服，也不會太在意。

在「門口倒立的麥可」事件發生後，我回想起他放音樂的事，我記得每當問他能不能等我睡醒再放，他會非常清楚地表示，這會使他少了活力，隨即發起小脾氣。有一次，他沒有生氣，反而像是被告人在法庭上辯解：「在我準備穿衣服上班前，放音樂是我早上的第一件事，也是我一天中最享受的時光；聽歌就是要開著適當的音量，我才能真正聽到，這是我最喜歡做的一件事。難道就因為妳剛好在我家，我就要放棄自己喜歡的事嗎？為什麼？」

後來我問他，如果他睡在我家客房，我把〈奧克拉荷馬〉（*Oklahoma*）音樂劇原聲帶放得很大聲，他會作何感想。他一臉困惑，說：「嗯……我會覺得很討厭。」

「就是這樣！」我回答。

「哼！」他回了一個字，接下來一個小時，麥可都在生氣。但我們倆沒提到一個重點，我沒做過這種事，也永遠不會做，但他卻經常如此。

雖然我向麥可提出要求後，他就停止一早放音樂的行為，但是在他鬧脾氣，還有我提出四次要求後才成功。在我開車回家的路上，也就是門口倒立事件的隔天，我至少想到十個或十二個跟麥可有關且意義特殊的故事，這些是讓我正式擺進怨恨櫃的第一批故事，也讓我引以為傲。

打造你的怨恨收納櫃，形式不拘

現在讓我猜猜，你還沒有怨恨櫃，也不曉得自己需要吧？嗯，你需要的，你馬上就能了解箇中理由。

想要實踐我說的開明記仇法，你需要一個怨恨櫃。它不必是頂級橡木削成的實際櫃子，可以是鞋盒、舊包包、首飾盒、床邊櫃……任何容器都可以，是存放你為了改善人生而想保留的所有怨恨。如果你跟我一樣，得意坐擁許多怨恨，那麼你將需要更大的盒子、袋子或抽屜。

怨恨櫃沒有固定形式，只要覺得適合又能吸引你的即可。你可以自製木櫃，可以買設計師款的全新手提包，可以使用硬紙板做成鞋盒。總之，你覺得什麼東西適合當成怨恨櫃，就用吧！（你可能想知道我的怨恨櫃長什麼樣子，那我告訴你：「我還在思考合適的怨恨櫃，像是設計師款的手提包很吸引我，但『祕密抽屜』這四個字也在呼喚我，不過我的怨恨櫃暫時是這本書和存在電腦裡的『記仇書筆記』資料夾。」）

好好記仇，反而讓你減少痛苦

佛教修行者依循「八正道」*邁向證悟**。由此可見，這是我永遠無法踏上的道路。我依循的是記仇之道（見第七章），願有些人讀完本書後，也能踏上記仇之道。如果你只有八個怨恨，你的記仇之道可能剛好是八道，但我的記仇之道有意不納入數字，是為了讓怨恨有彈性變化，就算有三百四十七個怨恨也能適用。

「記仇之道」（The Grudge-fold Path）一詞的「fold」，不是構成這條道路的怨恨數量，而是實際的折疊動作。第八章會說明你為什麼要撰寫怨恨故事和解釋寫作方法，明白「摺疊」對追隨記仇之道的信徒來說，是策展怨恨儀式的重要環節。

門口倒立事件不是我跟麥可最後一次在同一個屋簷下過夜，後來還是發生幾次難以避開的情況，但因為我已經有穩固的怨恨打底，也就產生了安全感，遇到類似情況時，再也不會心甘情願地接受它，少了很多委屈受苦的成分。

會發生前述心境的變化，是因為我把門口倒立事件，作為一種官方許可的故事，將它套用到其他麥可的故事上，並對自己說：「記住，麥可就是這種人，很可能會有這些表現。」

從「門口倒立事件」和麥可各式各樣的故事中，我學到了一個教訓：我要繼續維繫友誼並善待他，對他不耿耿於懷、不感到憤怒，同時還要對他的現身有所察覺並提防，避免他對我造成任何傷害，這個傷害是根據我自己的情況下的定義，讓我有權相信自己的定義與他的同樣重要。

怨恨之所以形成，就是幫助我們辨認並解讀故事背後的意義。讓我在惱人事件的當下，能轉注意力，進行建設性的思考，感覺就像第三者觀察自己：「所以這裡發生了什

---

* 八正道（Eightfold Path）是指佛陀成道之初，為了讓眾生從煩惱痛苦中解脫，特別開示了八條進趣聖人之境的修行方法：正見、正思、正語、正業、正命、正勤、正念、正定。

** 證悟（梵語：abhisaṃbuddha-bodhi），又譯證菩提、悟道，是指成就最高的涅槃果位。

麼故事？我能想到關於這個人的其他故事嗎？她應該做何反應？現在的她在想什麼？」這裡的她，指的就是我。透過這個思考過程能緩解氣憤與不悅。

對我來說，門口倒立事件相當重要，它在我的記憶裡，具有活躍的感染力，同時還有指標性。我將它當成警示的小鈴鐺，在我的腦海裡叮噹響起（或者是能呈現怨恨的圖像），時刻提醒我要保護自己，以免被麥可傷害。

心理治療師懂記仇

蘇菲提到的小鈴鐺能帶來一些益處。在心理分析的範疇中，有個熟悉的比喻是「記不住過去，注定要重複過去」，這是哲學家喬治・桑塔耶納（George Santayana）提出的知名比喻。蘇菲決心記住並保留觸發事件，使她能保護自己，避免再度置身類似的痛苦，也因為有了警覺心，能防止自己重蹈覆轍。或者，她起碼給了自己最好的機會，利用這種方式去應對不可預測的世界。

——海倫・艾克頓

在所有怨恨裡，我尤其重視在門口倒立的麥可事件，對於其他值得保存進怨恨櫃裡的怨恨，我也懷著感激之情，因為比起人生中的任何事物，記仇最能讓我懂得自己想過什麼樣的生活。

心理治療師懂記仇

蘇菲已經指出記仇之道最寶貴的一面。記仇是一種手段，可用來釐清個人的價值觀。雖然大家都會記仇，但很少有人能在他人越線前先清楚表明自己的底線。設定底線可用來定義個人價值觀，意即自己想要過的生活並期望他人也要實踐的原則。一旦了解自己的價值觀後，我們將能以此根據為自己做決定，進而塑造理想的人生。

記仇如同一張道德準則聲明，使我們更能懷著自尊心，要求他人以同樣態度來對待自己。正如同英國政治家邱吉爾（Winston S. Churchill）言簡意賅的名言：「這種荒唐透頂的事，我不會容忍。」

——海倫・艾克頓

明明受委屈，何必編造謊言騙自己

這些年來，我閱讀、喜愛的勵志書數以百計，包括佛教、基督教等類型。在我腦海裡浮現的第一本書，是當代知名心靈大師艾克哈特．托勒（Eckhart Tolle）的《當下的力量》（*The Power of Now*），書中主張我們會對某事惱火，是因為自己對該經歷的描述所致，他認為針對同一事件，可以換個角度訴說不同的版本。這話千真萬確……只要做得到的話。現在舉個例子：

今天是你五十歲生日，太太為了幫你慶生，晚餐預約了你最愛且需要提前好幾個月預定的熱門餐廳，你答應晚上七點半跟她在餐廳碰面，期待已久的你，枯坐好幾個小時等她，但她始終沒出現，最後你才放棄回家。

這時發現太太坐在客廳，她回你：「對不起，我沒去，今天晚上就是不想出門，我累死了。」你問她怎麼不打電話或傳訊息說一聲，她卻說：「嗯？哦，對不起，我在追劇，看得太入迷了。」

我閱讀過艾克哈特・托勒的許多作品，很確定他會為了避免發怒，透過以下方式描述：「有個男的去餐廳，坐在那裡一會兒，然後回家。有個女的待在家裡，沒去餐廳。」根據托勒的觀點，這種表達可避免你情緒化地訴說這則故事而引發痛苦：「她明明知道我期待了好幾個禮拜，自私的母豬！我五十歲的生日！超重要的生日！她根本不在乎我。」

托勒認為，想擺脫人生痛苦，就不要對自己說不開心的故事，甚至描述那些表現渾蛋的人，因為真相往往包含傷害我們的自私行為，其他勵志書也肯定這點。我們不必承擔他人的不體貼或殘忍言行，使自己難受，影響內心的平靜，應該對自己說，別人的惡劣行為是他的問題，與我們無關。

我也沉迷人生教練學校（The Life Coach School）創辦人布魯克・卡斯提歐（Brooke Castillo）每週所更新的同名 Podcast 節目《人生教練學校》（*The Life Coach School*），她傳達一種「模型」的概念，把「情況」（約好在餐廳吃生日晚餐，太太卻沒來）視為本質中立且會相互連結的「感情」，而且只能透過「想法」（「她怎麼可以這樣對我？自私的人！」）來引發「感覺」（受傷、不高興或苦澀）。

卡斯提歐認為，沒有人可以影響我們的感受是正面、受傷或痛苦，除非我們放任對方這麼做。因為我們能轉變自己對特定情況的想法，進而獲得力量去改變、掌控自己的感覺。

卡斯提歐的方法與托勒很類似。針對某一件事的發生，托勒會轉化為「我們對自己訴說的故事」，卡斯提歐則會說是「想法」，但兩人的意思一樣。卡斯提歐也承認自己是向多位老師和意見領袖學習，托勒是其中一位。

在某種層面上，兩人的主張都十分正確，只要能改變自己的想法，訴說截然不同的故事，就能改變感覺。但多數人的問題在於，他們會試圖以全新又回避自己受傷的方式去思考，例如：「我妹跟我老公發生關係，太好了！我好開心！」這種就沒辦法順利說服自己。

我有一任男友的母親曾經說過，假如我有生命危險，她可能不會努力救我，不是不救，只是可能不救。後來，她重新思考一番，搖了搖頭，做出另一種結論：「不會，我覺得我不會救。」

有些人可能以為是因為我說了：「欸，他媽的！妳肯定不願意抬起一根手指頭，把我從火場救出來，對吧？」但我沒有，她完全是毫無來由說出這些話。

以此為例，我依照托勒的建議，訴說前男友媽媽的情形：「一位女人對另一位女人發表評論，無法從中得知她說這句話的意圖。」還有一種想法可以回避傷害，是卡斯提歐可能會建議的方式：「我男友的媽媽無法造成我的痛苦，因為她的言論和想法是她的問題和責任，無論她說了什麼話，我的人生還是很寶貴。」

我敢打賭，**當別人對自己說出傷人的話、做出惡劣之事時，絕大多數的人都會感到受傷、驚愕**。在這種情況下，試著對自己訴說一個中立且不痛苦的故事，可能行不通，還會覺得自己編的故事是個大謊言，說服不了自己，以至於內心的感覺無從好轉。更嚴重的是，如果把對自己說謊的這件事，開始想成是自己正在承受的另一件慘事，將會更加難受。

心理治療師懂記仇

我們發現正向心理學的「理想」與人們的親身經驗，存在著很大的差異。蘇菲因留意到自己在某個經歷所引發的感覺（任何形式的背叛、冒犯、傷害所引發的感受），才能找到方法去跨越這些負面情緒，並有機會丟掉令人痛苦的情緒感染力。

倘若人們在自己所經歷的負面事件上，「啪」地一聲貼上微笑貼紙，等於否認了我們的真實處境。由於人類是群居動物，處在互有關係的世界裡，所以無時無刻都會受到他人影響。正如蘇菲所說，微笑貼紙像個謊言，也的確是個謊言，存在主義*哲學家會說，那是「不誠實」的生活方式。

——海倫．艾克頓

卡斯提歐在Podcast節目上，也承認自己要經常進行「思想工作」（這是她的用詞），還舉例說，要是有人企圖騙她能因此避免受傷與心生憤怒。這些年來，我也不停在做思想工作，後來體會到，儘管我對這些理論熟記於心，甚至給我任何證悟大師的雜論考試，我都能拿一百分，但我無法實踐他們所提供的建議。當然，我也曾試圖抱持正面的想法，嘗試告訴自己內心要平靜，不要再受他人惡劣或無情的行為所影響，但我心裡很清楚，這是演出來的，以現實角度來說，根本很難辦到。

大約有兩年的時間，我假裝自己看起來有點開悟，但也許只是自我欺騙，因為我妹經常對我說：「妳實際上什麼也沒悟到？還是想抱怨別人，對吧？」她說對了！我是這樣沒錯。當我假裝寬容原諒對方時，腦海裡的怨恨故事就越會大聲反抗。

某一天，我有了突破性的進展，大約是在門口倒立事件發生的三個月前，我發現我不是無法放棄怨恨，而是不想放下，深究背後原因是在於那些怨恨很奇妙。

＊存在主義（Existentialism）認為人存在的意義是無法經由理性思考而得到答案，強調個人、獨立自主和主觀經驗，是一個探討人類生存意義的哲學。

心理治療師懂記仇

我們不需要因為自己有記仇的想法或情緒而指責自己，甚至否認它們的存在。關鍵就在當下這一刻，要能察覺我們是有選擇性的。

——安・葛雷

後來，我體悟到，**內心的怨恨不僅可以通往自己追求的正向與幸福，也不會傷害我與他人；對於怨恨，我沒有負面感受，只是我心目中很重要也想保有的故事**。我也突然明白怨恨所帶來的不只是普通的好處，還是絕佳好處。既然如此，這些大師為什麼都鼓勵我們要放棄這麼好的怨恨？難道他們希望我們手無寸鐵地面對最艱困的情況嗎？究竟是為什麼呢？

回想以前，我老是喜歡抱怨，如果怨恨對人有害，抱怨所帶來的滿足感，從何而來？我發現記仇的主題，備受忽視也深受誤解，大部分的人認為經常抱怨會無法開悟，因此不應該記仇，要說服自己放下、原諒對方，但其實記仇與原諒，兩者沒有衝突。

我會記得冒犯我的人，也願意給他們第二次機會，這適用於地球上所有人。跟我認識的人相比，我記仇的事情更多，對記仇也更感興趣、更熱中。前述兩種說法並未牴觸，只要明白記仇是一種讓人變得更會原諒、更快樂的理想途徑即可。

現在暫時回到那位太太失約的故事。在遇到相似情況時，**為了回避痛苦而只想著正面想法，並非解決之道，因為痛苦無法避免，所以別白費時間嘗試；心懷憎恨、苦澀、憤怒，也不是解決之道，只有將這件事化為怨恨，透過安全、負責又鼓舞人心的方式記住，再原諒對方（當怨恨確實到位，原諒才會變得更容易），才能真正解決問題**。後續會解釋做法，說明記仇為何能引領我們向前邁進。

你是哪一種記仇類型？

在介紹記仇觀點前，先來測驗你是哪種記仇類型，回答以下問題後，統計出選最多的答案（如大部分都選a），再對應自己是哪種記仇類型。

題目用意是測出你目前對記仇所採取的態度和處理方法，當閱讀完本書後，書末還有另一項測驗，可以查看你對怨恨的觀點是否產生不同變化。

【題目】

1. 你留意到好友在某人的社群媒體上，針對他張貼幾篇「我有超棒的消息！」貼文按了讚，但你很討厭那個人，好友也說不喜歡他，卻對貼文按讚，這等於是認同你的仇敵，此時你會怎麼做？

a. 絕交，封鎖他。

b. 問朋友按讚的原因，並詢問他是否騙你不喜歡那個人。

c. 儘管看到這個事實，依舊認為朋友還是站在你這邊，告訴自己他是不小心按到，或者是藉由按讚來諷刺對方，並非真心喜歡。

d. 繼續維繫兩人友誼，不說破，但默默記仇。

2. 每當你的朋友鮑伯做了令人敬佩的事，你總是熱情讚美他。但當你取得出色成果時，鮑伯的讚美卻遠不如你給他的。他可能會說：「我知道你很努力。」但不會表示你的努力是否值得，也不會說自己是否喜歡你的成果，你發現他從來沒有好好讚美過你，對於你的成就也毫不關心，這時你會怎麼做？

a. 決定不再讚美他。

b. 坦白跟他說，他的反應傷害到你，並解釋原因。

c. 自己以身作則，比平時更賣力讚美，希望他能懂得暗示。

d. 對於鮑伯無法表達讚美感到糟糕與可憐，除了下修對他的看法，也告訴自己對他的感覺變了。

3. 下列哪一組話語最吸引你？

a. 「我沒記仇，我們很好，但我再也不會跟你聯絡。」／「你踩到我的底線，我會封鎖你，就這麼簡單。」（佚名、網路來源）

b. 「在所有憤怒、怨恨、不滿的核心中，總會發現恐懼的存在，那份恐懼希望能保持佚名。」唐諾‧席克斯（Donald L. Hicks）的《望入寧靜》（*Look Into the Stillness*）／「在我採取立場前，總是對自己的權利和真實困惑不已，我心目中的公正到底是什麼？什麼又是真實的？」心理治療師珊迪‧卡茲（Sandy Katz）

c. 「我會原諒別人，不表示我接受對方的行為與信任對方。我原諒他們是為了讓我自己能放下，繼續在人生的路上往前走。」／「我不是記仇，我只是記住事實。」（佚名、網路來源）

d. 「大家都說放下怨恨很好，但我滿喜歡內心的怨恨，這就好比照顧小寵物一樣。」黎安‧莫瑞亞（Liane Moriarty）的《小謊言》（*Big Little Lies*）／「我能不能請願要求把記仇列入奧運項目？因為我一輩子都在訓練自己記仇。」安娜‧坎卓克（Anna Kendrick）發布的推特貼文

4. 你對朋友碧翠斯說，她妹妹珍（也是你朋友）刮到你的車還說謊，不想付修理費。碧翠斯反應激烈地說：「反正那台車很爛又很醜。」這時你會怎麼做？

a. 把碧翠斯和珍當做「死了」，封鎖她們。

b. 碧翠斯不是故意對你發脾氣，一定是聽到妹妹刮到車又說謊，所以嚇壞了，等

她冷靜下來，再找她談談，給她機會做出更適當的回應。

c. 碧翠斯凶你，是因為她也很不開心，取笑完你的車後，肯定後悔了。所以你會立刻原諒她，也不過問原因，理解她不是故意這樣對待你。

d. 碧翠斯和珍不在乎你的感受，從現在起，你也會同樣對待她們。為了避免朋友們的關切，你不會冷落她們或絕交，仍然繼續維繫友誼，也偶爾享受她們的陪伴。

5. 你在弗瑞德餐廳訂了晚上七點的位子，但老闆弗瑞德拒絕你，因為他們只有六到八點，八點到深夜的兩個用餐時段。你說七點吃晚餐很合理，不要六點或八點。但弗瑞德不肯妥協，你會怎麼做？

a. 告訴弗瑞德，你覺得他很不講理，認為他看重利潤已遠超過顧客的需求，決定不再光顧，還要告訴其他人，希望他們也別去。

b. 告訴弗瑞德這個規定對顧客很不合理，建議他重新調整訂位規則，同時將自己的預約改成六點或八點，或者改去別間餐廳。

c. 告訴自己六點用餐有好處，吃完還有時間看電影；或者先去看場電影，八點再吃晚餐。只要結局完美，一切都好！

d. 對於這個原則，不爭辯也不抗議，但因為不合理，決定以後不再光顧。

【結果】

大多選 a：你是絕交皇后或國王

好處：你懂得保護自己。跟寬容仁慈的人相比，你將獲得更好的對待，也較少被人利用。你不僅認清自身價值，認為旁人也應做出良善、友好、講理的行為，你很信任自己的判斷，正如信任他人一樣，也因為你很聰明，所以不會把心力浪費在不值得的人身上。

壞處：你的防衛心可能有點過重。不要太常使出絕交手段，甚至還得意洋洋，有時處理問題的方法要細膩一些，因為有些人在你的人生中是有助益的，不應該因此失去他們，請謹慎為之。要確定你內心深處的動機不是基於恐懼（也就是害怕持續維繫關係，使你必須為某些事付出情感，例如正視故事的另一面與你有關且有真憑實據），人做決定時，往往是基於恐懼，但卻會將恐懼偽裝成是原則立場。儘管這項事實難以置信且不可思議，但卻明確指出，當你越是以恐懼來行事，別人就越是怕你。不過，你應該不會希望是這種結果。

大多選b：你是有同理心的分析師

好處：你善於分析，意圖讓每個人都享有公平機會。你關注人們行為背後的心理動機，在澈底了解前，不會妄自譴責。如果你對某人記仇並封鎖他，絕大部分都是經過仔細考慮、權橫利害後，才會做出這番決定，是負責又成熟的處理方法。

壞處：不是每個人都基於類似的善意行事。你可能過於寬容接納那些會傷害你的人，對於反覆冒犯的人，應格外小心。

大多選c：你是輕鬆過日子的人

好處：你討厭惹是生非，也不喜歡麻煩別人，有愛好和平的本能，是很出色的特質，會盡量避免別人幫你收拾爛攤子。所以，你的人生大多是毫無壓力又有趣的。

壞處：你可能過於天真，在「否認」的狀態下長期冬眠。這有個危險，儘管你的本能是回避衝突，但你親近的某個人很可能會帶給你麻煩而疏於防衛。你應該更堅定面對事實與自己的感覺，確定沒有欺騙自己、粉飾太平。

大多選d：你是記仇大師

你是天生的專業記仇者！或許你能跳到下一章，閱讀「怨恨」的定義，甚至乾脆刪掉定義，寫下你自己的，想必會跟我的一樣好。

好處：你有能力保護自己，還能從記仇中獲得樂趣，在任何情況下都能看見怨恨有趣的一面。你不會跟人絕交，一旦對方改善行為，你會原諒他或修正看法。

壞處：你時常需要變成「雙面人」，對於私下無法忍受的人會表面裝沒事，這使你感到身心俱疲，遠離內在真貌。你可能會開始喜歡記仇的滋味，小心點，別讓記仇變成嗜好，以免生出不必要的怨恨來滿足自己的需求，只有值得又有必要的事情，才需要記仇。

我是d型「記仇大師」，應該不會有人覺得訝異吧！無論你是屬於哪一型，都可以善用記仇之道保護自己，避開陷阱。

第 2 章

別再說愛記仇是小心眼

「原諒仇敵吧！沒什麼比原諒更能惹惱仇敵。」

——奧斯卡・王爾德（Oscar Wilde），英國大作家

Grudge（怨恨）名

- 長久的不滿或反感。——《牛津英語字典》（*Oxford English Dictionary*）
- 持續的不滿，尤其是指某種原因（例如羞辱、傷害等）引起的不滿情緒。——《柯林斯英語字典》（*Collins English Dictionary*）
- 怨恨，是指你對別人、對自己做的壞事；或你覺得別人對自己做了壞事，而產生的惡感或憎恨。——《城市辭典》（*Urban Dictionary*）
- 苦澀、恨意、惡毒、敵意、憎恨；怨恨、惡意、仇恨是指對另一人或其他人懷有仇視的意念。怨恨是基於某種真實或想像的壞事而懷有的不滿。——dictionary.com

我不贊同這些定義，或者說我認同前述字典是在定義怨恨可能及其經常展現的模樣，也沒有描繪出怨恨一定要成為的模樣，甚至未能準確呈現怨恨應當成為的樣貌。

在討論怨恨時，我會使用抱怨、懷恨、積怨等字眼。「抱恨」（hold）帶著頑固或緊抓不放的感覺；「懷恨」（harbour）指的是我們為某種被追逐且脆弱的事物提供了避難所，如同避風港的概念；「積怨」（bear）則是帶著忍受怨恨的意味。但怨恨到底是不幸的痛苦，還是寶貴的財產？

在中世紀的英文，「grutch」指的是牢騷或抱怨。但到了中世紀晚期，英文用的是「grudgen」和「gruggen」，兩者字源是古法文的「grouchier」。你可能會覺得以下說法，聽起來很熟悉：比別人更會抱怨、更會發牢騷的人，會被稱為「grouchier」（牢騷鬼），時至今日仍是如此。

就我的觀點來說，對怨恨這樣的解釋有點可惜，畢竟是歷史事實，我也無可奈何。希望你讀完本書後，能用輕鬆愉快的語調，談及自己的怨恨而不是流於發牢騷。

顛覆記仇的刻板印象

我不喜歡記仇被認為是在發牢騷，所以傳統的定義大錯特錯。現在，我們來探討兩大觀點：

不一定壞事才記仇

怨恨不一定是「真實或想像的壞事」所引發。明知記仇對象根本沒錯，但還是有可能記仇。例如：你的好友從小開始跟你哥約會還結婚，這沒有錯，也的確沒有任何道德規範阻止她，但你還是可能會記仇。心想難道不能選別人嗎？為什麼要把你推入這番為難的困境，使你世界裡的兩個不同板塊突然撞在一起，擔心好友會不會更忠於哥哥，把你的祕密都告訴他。

儘管你知道他們沒有做錯事，卻還是加深對兩人的怨恨，從道德觀點來看，他們沒有玷汙自己的名聲，但動搖了你的世界。你毫無理由反對他們，因為把自己腦補的情境說出口，肯定會被說不講道理。最終結果，只是更氣他們。

我還可以舉出許多類似案例。你家隔壁房子準備出售，朵琳阿姨立刻下訂，你很氣她沒先徵求你同意就買下來，因為會侵犯到你的私人空間；但你也很清楚，朵琳阿姨跟任何陌生人一樣，有權買下那間房子，甚至對於她的住所或者誰應該住在你隔壁，都無權過問。

有時怨恨既沒有羞辱，也沒有傷害，甚至連「想像的」羞辱或傷害（誤以為自己受到不公平對待，其實沒有這回事）也沒有。即使某人做了件對你有益處的好事，你還是有可能記仇。

你的同事菲利普經常使用公用微波爐加熱午餐的魚，每次傳來的魚腥味總是把辦公室弄得臭氣薰天，你的位子就在廚房隔壁，有一天你受不了，把他帶到一旁說：「菲啊……這樣沒好處，你肯定能明白吧？」

他沒當一回事，堅稱自己有權加熱魚肉，不打算停止。有一天，一名新進員工報到，她叫娜汀，菲利普對她一見鍾情。一週後，娜汀也說了魚腥味的事，菲利普馬上道歉，從此再也不用微波爐加熱。

對辦公室裡的人來說，結果皆大歡喜，也包括你，但你卻認為對方「做對的事太晚」而記仇，或者認為對方「做對的事，卻是基於不對的理由」而記仇。

你非聖賢，肯定記仇。現在記仇的原因不是因為加熱魚（或許加熱魚是你選擇牢記的另一件怨恨），而是因為菲利普做出「對的事」：不再熱魚，道歉，做出更好的新行為。「為了她！現在才做對的事情？每次跟他說熱魚很臭，就說我大錯特錯，現在卻變了？」假如他沒有決定做對的事，還是繼續加熱那條臭魚，你對他的評價還沒那麼差。

但我們就是會這樣記仇！

記仇不必有任何負面情緒

不滿、反感、苦澀、恨意、惡毒、敵意、憎恨、惡意、仇恨、仇視的意念……哎呀！為什麼我講話的樣子，像是考克尼*的煙囪清潔工？肯定是我對這些負面字眼感到震驚。「怨恨」的傳統定義，通常暗示記仇必定是對某人產生負面又不愉快的感覺，儘管只是短暫的怨恨卻決定緊抓不放，**但記仇不必是緊抓任何負面感覺**，稍後會解釋。

「記仇是不是負面」的這個問題，對於我們被問到「你會不會記仇」時的反應，至關重要。如果認為記仇在人生中，都是汙穢、小心眼、丟臉的行為，很可能會否認記仇。幸好我們能以不同眼光來看待怨恨，視為昔日的寶貴紀念品，是情緒心理史上的重要工藝品。

想像有位遊客前來你居住的城鎮，你帶她四處參觀。廣場中央有座高聳的灰色大理石方形紀念碑，上頭刻著二十五個人的姓名，還有「永銘於心，願彼安息」的字樣。

遊客問：「這是什麼？他們是誰？」

你回答：「他們是窗戶清潔工。有一天，某家公司一位惡名昭彰的常務董事正在開重要會議，因為工人刮擦窗戶的聲音害他分心，他便打開二十八樓的窗戶，走到鷹架上，把正在清潔窗戶的二十五位工人推下去，害他們摔死。」

她露出惋惜、比你還開悟的神情，搖了搖頭，說：「聽起來很可惡，但你知道嗎？如果一直沉溺怨恨的情緒，只會害自己與你們當地人都難過。你們應該拆除這個紀念碑，在這裡開一間麥當勞。向前走吧！大家都會更開心！」

在這種莊嚴的氛圍下，聽到那番話與建議，會有多訝異。在現實世界，豎立紀念碑是為了致敬悲慘、死於不公的人們，但有人說出這種話，肯定會引起眾人側目。在公眾、政治或歷史背景脈絡下，大家都很清楚發生可怕的事情後，就此遺忘往前走，彷彿不曾發生，這種做法不一定最好或最正確，所以人們才會在摯愛逝世多年後，懷著愛意打理墓地，把鮮花、泰迪熊放在交通事故的致命現場。

我們都明白這些行為合情合理。如果你的摯愛突然死於動脈瘤，不會有人說：「欸，別在葬禮浪費一整天的時間……太負面了，往前走吧！對自己好一點，做個SPA享受一下吧！」更不會在某人去世的隔天，甚至是十週年忌日時說出這種話：「不會吧！每年五月十四日，你還去她的墓地？真的應該放下往前走。」

＊ 考克尼（Cockney）一詞是指英國倫敦的工人階級，帶著倫敦腔說話。

現在你可能會想：「這不一樣，去墓地不會帶著憎恨、苦澀、惡意或恨意，打造紀念碑與在交通事故現場放花也不會。」沒錯，這幾件事不一樣，但它們主要是記住曾經發生過的壞事，表明紀念的重要性。

踏上記仇之道的人們（此時可能只有我一人，沒關係，我樂於始於渺小）都很清楚，同樣的原則也適用在記仇上。**無論是個人經歷或政治歷史，歷史就是事實，以往的經驗確實對我們造成影響，但能照亮現在與未來。**對我們來說，至關重要。

想像一下，你十幾歲兒子的學校突然來函宣布，歷史課不再講述難過或焦慮不安的歷史事件。信上寫著：

敬愛的家長：

本校的歷史課不會再提及戰爭、大屠殺、史達林主義*、奴隸制度、法國大革命，因為這些事全都駭人聽聞。本學期只會著重和平的歷史，例如義大利法西斯黨魁墨索里尼（Mussolini）送給情婦克拉拉（Clara）一束美麗的花。

你肯定覺得校長愚蠢透頂。我們會對駭人的歷史事件與暴行「永遠銘記於心」原因是什麼？想延長痛苦嗎？當然不是，是因為大家都知道歷史有教訓與提醒的意味，尤其是駭人事件，若忽視不理，就失去了教育的意義。

每當遇到不開心的事，人們經常會說：「不要記仇，往前走吧！這是為了你自己好。」但這其實是要求對方遺忘自己人生史上重要的警示與教訓，難道就因為是個人而不是政治歷史，就不值得紀念嗎？我認為那就是我們現在做的事。

「等一下。」你可能會這麼說，「沒有人說我們應該遺忘自己人生故事的重要部分，這跟記仇不同吧？」沒錯，不一定一樣。

二〇一七年夏天，在義大利科莫湖（Lake Como）特雷梅佐大飯店（Grand Hotel Tremezzo）度假的美好時光（這不是怨恨，只有假期結束的意猶未盡），回想起一些不屬於怨恨的故事：我在美國巡迴簽書會期間突然胃痛，這很可能不是任何人的錯。比如胃痛是因為我在紐約某家餐廳吃飯，不知道哪位廚師的手不乾淨導致我食物中毒，在找不出元凶的情況下，因為沒有明確的記仇對象，所以不算是怨恨。

＊史達林主義是指控制蘇聯和受蘇聯影響的共產主義國家，也經常被當作極權主義、暴政的同義詞。

心理治療師懂記仇

尊重過去，重視自己正在處理的眼前挑戰（無論你覺得自己做得好還是差），都能培養你的智慧與洞見，是健康可取的行為。

——安．葛雷

別人描述你的形容詞，哪些讓你終身難忘？

在替本書做研究調查時，我曾在社群張貼以下問題：「各位，無論別人有意還是無意，他們用過哪些讓你終身難忘的詞來形容你？」我之所以提出這項問題，是因為推特（Twitter）上，有人對我說「妳很『可怕』」。

我幾乎百分之百確定她不是沒禮貌，也不是要惹怒我。因為她不覺得這是羞辱的話，彷彿「我很可怕」是一件事實，也認為我會同意她的看法。在我的一生中，大多數時間都在跟真正可怕的人相處，他們會控制、霸凌，並在情緒上操控他人，常讓我擔心害怕，所以有人覺得我很可怕時，我很訝異。

提問張貼不久，我發現不只有我，有人也遇到難以接受他人對自己的形容。因為貼文下方馬上被許多回應淹沒，以下是我收到一些帶有形容詞的怨恨：

- 某位同事的太太打量我的穿著，說我是「穿著整齊的矮子」，從此這個稱呼如影隨形！
- 英國《每日電訊報》（*The Daily Telegraph*）裡，某位知名劇場評論家說我是「身材矮胖的褐髮女人」，儘管其他內容都是稱讚我，但仍讓我無法忘記，也無法原諒這個形容詞。
- 曾經有人在工作評鑑上形容我很冷漠，這讓我很驚訝，因為我覺得自己是全世界最親切的人，但好友表示，我害羞時，確實看起來有點冷淡！
- 曾經有人說我「很真善美」，總是把事情想得太過美好，顯然是覺得我要更務實才行。

- 學生時期的好友說我「很多面」，我本來很開心，後來才發現他的意思是我很狡猾，這種形容比雙面人還差。
- 我女兒被說是「冷酷高效率」，到現在還不確定這是讚美還是羞辱。

心理治療師懂記仇

這類形容詞怨恨能看出別人對你的評價，是你某一部分的倒影。有些倒影來自清晰真實的鏡子，有些（也許是大部分）則源自於扭曲的鏡子，但對你都是有幫助的。舉例來說，如果有人形容你很無趣，就有機會發現自己如何變得光彩奪目，擺脫刻板印象，獲得自由感。如果是「你的鼻子很大」這種話，就要更愛自己，尤其是為了漂亮的大鼻子。始終要記住一點，羞辱別人，就等於是羞辱自己。

——安・葛雷

這個形容詞實驗很有意思，我會把前述回應都界定成怨恨，因為你現在還牢記過去的負面經驗，是基於有憑有據又正面的理由。例如：提醒自己永遠不要像A一樣無禮或無情；提醒自己與B絕交，人生好過許多。但如果我當初的問法是提到「記仇」，回應可能會比現在少，因為他們不想把自己塑造成愛記仇的人。

我真心希望透過本書能改變這種想法，我們只需要認清記仇是好事，或許不久，每個人就會把自己收藏已久的祕密，從樓梯下的櫃子裡拿出來，得意地將祕密放在嶄新閃亮的怨恨櫃裡，並展示出來。

如果希望為自己的怨恨感到自豪，必須做到以下兩件事：

1. 認清有些人正在為記仇感到驕傲。我本人就很引以為傲，相信你也可以。
2. 重新詮釋、定義「怨恨」，記仇不是天生負面，也不該被貼上汙名的標籤，更不是永無終止的憎恨、苦澀或憤怒。我們需要的定義是，人們應當接納怨恨、讚頌怨恨。

在後續內容中，我會為「怨恨」下一個定義，這個定義我使用很多年，建議你能採用。但現在我們先回歸正題，探討哪些情況不是怨恨。

不是所有惱人事件，都要記上一筆

區分怨恨，有必要嗎？我的意思是大家都知道哪些不是怨恨？例如向日葵、烏龜……都不是怨恨。姑且不論你認為自己是否需要知道，但我在為本書研究調查時，發現大家對這個主題感到困惑。以下的對話，是我根據許多版本整合而成，當然人名也不是全叫安德魯：

我：你有沒有任何怨恨？

安德魯（簡稱安）：我覺得沒有。為什麼這麼問？

我：我在寫跟記仇有關的書，所以在蒐集怨恨。

安：哦。（看起來很煩惱，希望能為書裡提供故事，因此正在他的記憶搜尋）嗯，去年我朋友普莉亞把我最愛的咖啡杯打破了，這樣算嗎？

我：你有對這件事記仇嗎？

安：完全沒有，其實我差點忘了。

我：當時會不開心嗎？

安：沒有，我買了一模一樣的新杯子。普莉亞會不小心把杯子摔到露臺上，是因為被蜜蜂螫的關係……所以我一點也不氣。

我：好……你對普莉亞的看法有改變嗎？或者這件事有改變你的想法或行為？

安：一點也沒有。

我：那就不是怨恨。這種事我會稱為「非怨恨」，因為這只是一件發生的事。

再舉一個非怨恨的案例：

冬天時，每當凱特探望奶奶時，奶奶一見到孫女總會說：「妳一定冷死了！唉，看到妳，我就好冷！沒有比較暖的外套穿嗎？怎麼不穿衛生衣呢？」雖然凱特對奶奶的叨念感到不耐煩，卻不會因此討厭，依舊很愛奶奶，但即使下次去探望，她也不會刻意多穿一些。

其實，她完全忘記奶奶說的話也沒關係。下次發生同樣狀況時，凱特仍然會煩躁，接著忘掉。對奶奶的感受與評價，以及對自己的想法，不會產生一絲改變，這些依舊是她人生中安然又美好的部分，如同奶奶未曾說過這些話。

再分享一則非怨恨的故事：

某位親近的同事曾擔心我跟一名看似危險的人物往來，自作主張聯絡我的親戚，問她能否阻止我？實際上，同事提到的這號人物，雖然時至今日依然非比尋常，不過並沒有證據顯示他很危險，反倒人生有了他，使我獲益良多。

對於同事這番舉動，我很震驚，也明確向他表達自己的感受，希望別再發生。從同事的反應，我能得知他澈底明白自己所犯的錯誤。因為他除了發自內心道歉，偶爾也會脫口說出：「我絕對不會打電話給妳阿姨！哈哈！」我很清楚他不時說出這句話，是為了向我證明他知道踩到我的底線，澈底承認錯誤，之後也真的再沒發生，所以我覺得不需要記仇。

如果對方真心認錯並道歉；如果某件事就算你忘得一乾二淨，也不會介意，甚至不會衍生出後續的關聯或意義，我認為都不必記仇。整理前述重點如下：**如果發生的這起事件，在記憶、心理或情緒上，不會留下印象，也不會有任何一種殘存物，甚至沒有活躍的感染力，你也不打算帶進未來的人生，那麼這件事就不是怨恨。**

過去的人生，涉及負面、傷害或不好的經歷

對於怨恨是什麼模樣？答案可長可短。比較深入的答案版本，會留到本章結尾，等我引領你讀過所有論據後再說明，在此先提出簡答版：

怨恨是你過去人生的真實故事，涉及負面、傷害或沒那麼好的經歷，讓你現在和未來都銘記於心。

怨恨不必帶有復仇心，也不必讓你筋疲力盡又苦澀。一旦記仇對象惹怒你的最初情緒消退後，就不該懷有負面感受。沒有人能夠從持續的憤怒和復仇中獲益，所以衍生出以下名言：

「原諒就是釋放囚犯，然後發現那囚犯正是自己。」

——史密德（Lewis B. Smedes），倫理學家與神學家

「原諒別人，不是因為他們值得原諒，而是你應該獲得平靜。」

——強納森．羅克伍德．修伊（Jonathan Lockwood Huie），

幸福哲學家（廣為流傳卻錯誤引用的名言）

「在寬恕時，我們得到寬恕。」

——《聖法蘭西斯的禱告》（*Francis of Assisi*）

「憎恨就好比喝下毒藥，然後希望它能殺死敵人。」

——曼德拉（Nelson Mandela）、甘地（Gandhi）、聖奧古斯丁（St Augustine）、佛陀（Buddha）、凱莉．費雪（Carrie Fisher）、某個牧師（出處眾說紛紜）

前述名言都假設以下兩個前提：

1. 對某人記仇、不原諒對方，兩者是同一件事，也絕對是同一件事。
2. 記仇必定是惡毒、混亂或不愉快的感覺，而且會傷害到記仇者。

這兩種假設大錯特錯，甚至錯到不能再錯。記仇有可能是快樂，而且相當輕鬆就能做到。我們不一定要日復一日充滿憎恨憤怒，不一定要執著於記仇對象，從而損及工作、家人，還口出惡言。

你是否聽過別人說過類似的話？「哦！我不會再氣了。其實回頭來看，我覺得很好笑。不過，我再也不會信任桑傑！」「我完全放下了，但絕對不會把黛比放回耶誕卡的寄送清單！」諸如此類的評論，我聽過很多遍，這代表他們懂得以安全、負責又正面的方式記仇。

當然，負面情緒無法避免，尤其是在別人錯待或傷害我們的那段期間，我們不必把負面情緒烙印在怨恨上，應該去感受內心自然湧現的所有情緒再任由它們流逝。不久後，留下的怨恨就跟負面情緒毫無關係，只會成為一則我們想要記取教訓的故事，一則在我們眼裡具有某種意義的故事。

原諒意味著已經放下先前想到對方或他對你做的事情時，所感受到的負面情緒，但不是強迫你對他的想法或行為，都要回到事情發生前一樣。

很多人以為原諒應該是回到以前相處的情形（但其實做不到），並且假裝沒事（做得到，但沒必要，如果你希望自己在對方面前表現得跟以前一樣也無妨，但千萬不要試圖竄改歷史）。

人生中雖然會有一些令人惱怒的瑣事，但不會涉及到原諒，如同奶奶覺得天氣冷，請凱特穿上她不想穿的外套。除非是遇到比較嚴重，甚至冒犯或傷害到你的事，才會有以下五種需不需要原諒對方的選擇：

1. 原諒（放下你被對方引發的負面感覺）：不記仇，在他面前的表現跟以往一樣。
2. 原諒（放下你被對方引發的負面感覺）：記仇，在他面前的表現跟以往一樣，只有你的想法改變。
3. 原諒（放下你被對方引發的負面感覺）：記仇，改變以後在他面前的表現。
4. 不原諒（緊抓不放被對方引發的負面感覺）：牢記不好或不當的怨恨，但在他面前的表現跟以往一樣。
5. 不原諒（緊抓不放被對方引發的負面感覺）：牢記不好或不當的怨恨，改變以後在他面前的表現。

第九章會探討不好、不當、無緣無故的怨恨種類。但就目前的主題來說，你只需要知道，如果緊抓苦澀、憎恨等負面感覺太久，代表怨恨尚未處理，這不僅對自己與他人不會有任何好處，還可能很危險。第八章將逐步說明如何處理內心的怨恨，變得安全又有益。

在前述五種選項當中，只有兩個是有益且正確的。如果某人對你很惡劣，卻依循第一種做法，那就表示你不夠重視自己被惡劣對待。只有一種冒犯或傷害，比較適合採取第一個做法，猜得到是哪一種嗎？我們先前已經討論過了，就是沒人做錯事但你感受到的傷害，例如朵琳阿姨沒問過你的感受，就搬到你家隔壁。

至於真正的冒犯是，他人對你或你所在乎的人做了某件事，這時採取第二和第三種做法才是正確的。從做法中的差異就能得知，對記仇對象的行為不需要改變，只有你對他的想法改變。

雖然怨恨會持續，卻不一定顯眼或永久存在，當然也不會引發憤怒，甚至使人衰弱或有害，所以第四和第五種做法顯然是很糟糕的選擇。我多半很少想起怨恨（這點在我打算寫這本書時有明顯改變），甚至有些還覺得好笑。我偶爾會把它們從怨恨櫃拿出來欣賞一番，心想：「這個樣品好精美！」

我不希望內心的任何一個怨恨消失，因為這些都是我重要的人生教訓。沒有一個怨恨帶給我一絲憤怒或不開心（但在事件發生後的一段時間內，可能會有這類感覺）。我也從來沒有封鎖任何人，更沒有進行可怕的復仇，即便是渺小輕微的報仇也沒有。

一旦有任何怨恨會引發你進行復仇計畫或行為，那就是危險的怨恨，應立刻停止（見第八章）。相反地，若對記仇者和記仇對象不會造成傷害，那就屬於良好的怨恨，是均衡又健康的心靈飲食。

人們會記仇下列情況：

1. 發生負面或有害的事件或行為。
2. 我們知道或自認為，這是個人或群體應該負責的事件。
3. 我們決定記住該起事件或行為，是認為有牢記的必要。也許從中學到教訓；也許從那一刻起，我們開始改變；也許在發生的當下，我們所感受到的那股強烈感受，不允許自己遺忘，否則等於破壞個人史，這在心理上的感受等同於拆毀聖保羅大教堂（St. Paul's Cathedral），或在《蒙娜麗莎》（*The Mona Lisa*）的畫上噴漆。我們會根據自己或別人的定義，將該起事件界定為怨恨。

何謂「怨恨」？其實有許多不同的表達方式。我朋友希拉蕊回答：「**怨恨是好久以前的事還在耿耿於懷，那件事也許是好幾年前發生的，但你很清楚自己永遠不會放下。**」她的回答就是前文不斷提及怨恨有「活躍感染力」的意思。怨恨雖然讓我們對過去的事耿耿於懷，但這種感染力只會跟該事件相關，不會是憤怒，也不是痛苦。

希拉蕊的女兒艾莎有位朋友名叫克萊兒，克萊兒曾有三個月的時間，對她很惡劣，起因於艾莎交了第一任男友。

克萊兒覺得自己突然被冷落，但實際上，艾莎跟她的相處時間比新男友更多。不過在兩人解決問題後，克萊兒也停止她的惡劣行為。從外界來看，艾莎還是克萊兒的好友，也對她很好，雖然沒有報復，卻從此對她記仇。

艾莎對希拉蕊說：「我曾想過結婚時，要邀請她當伴娘，但現在絕對不會。我現在會對她友善，表現得若無其事，是因為在學校還會見面，只要一畢業，我就會斷絕聯繫。看到好友交了男朋友，態度就變這麼差，才不是真正的朋友，她已經讓我沒有安全感了。」

這則故事還有個很有意思的小插曲：

艾莎發現克萊兒一直到處抱怨今年夏天很無聊，沒事可做，當克萊兒被問到：「妳不是會跟艾莎一起玩嗎？」克萊兒回答：「沒有，她最近只想跟男友在一起。」事實上，艾莎雖然打算跟男友見面，但也想跟新朋友艾拉和胡安一起玩。艾莎會結交新朋友的契機是從克萊兒對她很刻薄開始。克萊兒則認為兩人友誼不如從前，是因為艾莎有了另一半。但兩人漸行漸遠的導火線，其實是因為克萊兒在艾莎交了男友後開始攻擊她。

停止記仇的五種理由

怨恨可以變成非怨恨嗎？當然可以！對於曾經致電給我阿姨的同事，雖然當時對他抱有怨恨，但現在已經消失了。對於所有怨恨，我們不可以、不應該、也不得理所當然地認為必須永遠記住，以下列出可中止怨恨的理由：

1. 記仇對象道歉，表現出真心認錯、後悔不已的樣子，並保證不再出現類似行為。

2. 你意識到怨恨是無憑無據、不好或錯誤的，所以不該記仇。

3. 你意識到怨恨自然而然消失或忘了，甚至失去活躍感染力。

4. 你自認為已經說完的怨恨故事，但其實沒有表達完整，導致怨恨依舊存在而影響到你對記仇的渴望或能力。

在此舉個案例：

我以前寫過的一本書裡，有個吵鬧鄰居的角色名叫「華氏先生」（Mr. Fahrenheit），取這名字的原因是他經常在凌晨一點鐘，大聲播放皇后樂團（Queen）的〈現在別阻止我〉（*Don't Stop Me Now*）*。當時，我家隔壁鄰居偶爾也很吵。就在該書出版一段時間後，我留意到他替自家房子取了名字，並刻在大門上方的玻璃，讓大家都能看到。這名號至今還在，或許將永遠成為那間房子的名字——「華世仙生」（Farron Heights）。我第一次看到時，足足笑了大概三個小時，怨恨當場煙消雲散，因為這等於是邀請我笑看他的吵鬧來連結我的書。

說也奇怪，那彷彿是一種謝罪禮，也或許是我誤會了，他可能真的想氣我。不過，當我看到名字刻在他家門上時，就不再記仇了，我也很欣賞他以此方式進入我書中的想

---

* 〈現在別阻止我〉（*Don't Stop Me Now*）有句歌詞為「That's why they call me Mister Fahrenheit」，譯為「這就是為什麼他們會叫我華氏先生」。

像世界。

5. 記仇對象做了其他事情，讓你對原事件一筆勾銷。例如：潔瑪連續兩年忘記你的生日，你記仇她不在乎你，耶誕節時，她卻突然從英格蘭西南區普利茅斯（Plymouth）開車到蘇格蘭區的亞伯丁（Aberdeen），只為送你一份很棒的禮物，你既往不咎，認定她還是很在乎你，所以放下忘記生日的怨恨。

事實上，這份清單的初稿，還包含以下這點：

6. 記仇對象過世或被你封鎖，使你再也見不到對方或受到影響。我將這點從清單中劃掉的理由，是因為你對泰倫斯的怨恨，可能在他離世後還是有憑有據並帶有活躍感染力。例如：你可能學到「永遠避開泰倫斯那種渣男」的寶貴教訓。

如果怨恨會造成壓力或不適，就代表是未經處理、不好或無憑無據的怨恨，這部分稍後會再探討。現在要著眼於對立面：「良好的怨恨」，**我的意思不是指記住發生的好事。**（在後續章節裡，會建議你記住好事，並以不同名稱來命名這些正面又帶有活躍感染力的故事）。所謂「良好的怨恨」，是指你正確又聰明地記住有憑有據的怨恨。

對於「怨恨應該是何種模樣」的問題，以下列出更深入的答案：

1. 怨恨應當是講述過去發生的故事，無論是十年前或兩秒前都可以。
2. 怨恨是你不想遺忘且緊抓不放，將這「書籤」放在心頭上的。
3. 怨恨蘊含重要教訓，也可做為你未來形塑理想模樣或行為的指標，並且你想利用這則怨恨故事來加強決心。
4. 怨恨故事可能是強而有力的提醒，幫助你重視自己的價值觀。
5. 怨恨是在發生某起事件後，形成跟記仇對象有關的新意見或想法。有可能簡單的像是：「她有一次做了……，也就是說，我現在沒那麼信任她。」無論現在對她的想法為何，都跟她當時做了某件事有關。
6. 怨恨還可能導致你對記仇對象採取全新行為。
7. 怨恨不應帶有憤怒、苦澀、憎恨，也就是本章開頭所列舉的不愉快感受。發生怨恨事件當下與之後的這段期間，會產生前述任何一種或所有負面情緒，若想記住良好怨恨，這些感覺存放的地方應該要與怨恨區隔。良好的怨恨，不可以受到氣憤與負面能量影響。

8. 良好的怨恨**應該**讓人擁有自主權，變得更有智慧，有時還能從故事中獲得樂趣。最重要的一點，發生在自己身上的怨恨事件，都要受到重視。由此可見，怨恨有如紀念品（例如替被推下樓的窗戶清潔工設立紀念碑）。以下這句話很重要，特別加粗說明：「**如果有人傷害你，對你、對這世界而言，都是意義重大。**」

一旦認為自己所遭受的惡劣對待，只對自己有意義，將會認為世上的人們都是冷漠、不關心彼此。這就如同寶琳以為你沒發現就把羊糞放進麥片裡，你把這件事跟別人說，對方卻回你「往前走，不值得記仇」，其實她真正的意思是「對我來說，你被惡劣對待根本不重要，我希望你也這麼認為，這樣我們就不需要照顧你的需求、權利與感覺。」因此，怨恨應該要讓自己紀念發生的事情並承認重要性。

心理治療師懂記仇

我認為，有人傷害自己是很嚴重的事。如果想讓世界變得更美好，那我們的一舉一動，都要基於對自己與他人，懷著關愛、智慧與慈悲。

——安・葛雷

下一章會探討不同種類的怨恨，但首先我要講一則自己很喜愛的怨恨故事，是一克拉的怨恨趣聞。稍後我會介紹「怨恨的克拉分級量表」，以記仇者的標準來說，一克拉是最不該記仇的。不過若有人放火燒光你家、故意毀掉你收藏的阿嘉莎・克莉絲蒂*書籍，這絕對不會只是一克拉。那麼一克拉的怨恨，究竟是什麼樣子？

* 英國女作家、劇作家，克莉絲蒂這個名字等同是「推理小說」的同義字。她的多部作品被拍成賣座電影，如《東方快車謀殺案》（*Murder on the Orient Express*）、《尼羅河謀殺案》（*Death on the Nile*）。

記仇事件②

動也不動的計程車：不當警告型

現在來講述我的教母芙恩與她先生凡恩的故事。約十二年前，我先生外出幾天不在家，芙恩和凡恩剛好來訪，從他們以前發表的言論中隱約透露出，他們認為先生如果不在家，我可能會很不好，但其實我完全沒問題。

當時我們住處的大門構造很特別，是「馬廄型」的門*，門板分成上下兩個部分。除非從裡頭上門閂，或者從外頭用鑰匙鎖上，否則是關不起來，也沒辦法一直關著。

我的孩子分別是三歲和一歲，在芙恩、凡恩與我一起吃晚餐前，他們早早上床睡覺。我們共度了美好的夜晚，後來他們準備離開，芙恩打電話叫計程車載他們去車站。當計程車抵達後，兩人穿起外套，但因為我把一些文件放在車子後車廂，所以必須出去一趟拿回來，車子就停在離家距離約兩公尺的車道上。我對他們說：「我跟你們一起出去……我要去車裡拿文件。」

凡恩皺了眉頭，一臉擔憂，好像聽到壞消息似地說：「唉，怎麼不現在去拿呢？我們在這裡等。」

我不懂哪裡出了問題，回答：「不用等啊！我們可以一起出去。」

「可是如果大門關上，妳可能會被鎖在外頭，小孩會困在家裡，」凡恩說，「如果小孩醒來要找妳，妳又進不去……」

「哦！不用擔心，」我對他說，「根本不可能發生這種事。」我解釋了原因，請凡恩看看大門，這樣他就明白。

他說不用，不想看門的構造，他只想要我聽他的，也就是他和芙恩在屋裡等我去拿文件，直到我回家後再離開。

雖然他的說法很荒唐，但只要照做的話，我就會好過一點；不過當時我覺得自己不被信任，所以再次聲明：「我家大門根本不可能不小心關上。」

即便凡恩對我家大門結構心存懷疑，但如果真的被鎖在門外，他以為我會怎麼做？難道會聳聳肩說：「啊，嗯，小孩得靠自己了。」然後悠哉去旅館過夜嗎？

在這種情況下，只要是聰明的人就會去鄰居家借電話，打給二十四小時全年無休的

＊馬廄門適合照看在外玩耍的兒童或寵物，可讓上半部的門打開而下半部保持關閉，或可當作門一樣將兩個部分一起打開。

鎖匠，以最快速度開門回到屋內。如果鎖匠抵達前，聽到小孩在屋內尖叫或看到屋裡冒出火光，我一定會破窗而入。

這些話我都沒對凡恩說。據我判斷，不用提到尖叫和火光，他就已經神經兮兮了。我只說：「你們不用在這裡等我回來，一起出去就行了。」於是，我們一起出門。計程車就停在我家車道入口對面的街上，他們上了車。我則走去車後，打開車廂，花了一點時間從雜物堆中找到文件。鎖上車後，正要從敞開的前門回到屋裡時，我注意到一件事，那輛計程車竟然連一公分都沒有移動。

我開始納悶，心想是否出了問題。然後，我聽見凡恩對司機嚷嚷：「不行，先別出發，在這裡等一下。」

我透過計程車的窗戶看見坐在車裡的凡恩，他正盯著我。當下我突然體會到一件討人厭的事實：他要司機先等著，直到我進入屋內，關上大門為止。

為了有時間想出對策，我再次回去打開後車廂，翻找著自己捏造、不需要的東西，此時突然浮現出下列想法：

1. 嚴重越線。

2. 沒有越線。凡恩會付車錢，計程車停在公共道路不是妳的土地上。他有權在車裡想坐多久就坐多久，只要他願意為這段時間付錢就行了，那是他和司機的事。
3. 好，嚴格按法律來說，他沒做錯事，可是……還是荒謬又詭異。
4. 我絕對不要讓他贏。有必要的話，我要打開前門，留在外頭一整晚。
5. 雖然很不想讓凡恩贏，但我也不想整晚都待在外頭。天氣很冷，我還有事要做。
6. 我知道了！我想到一個詭計……

我回到屋裡，關上大門。過了幾分鐘後，再走到門外看計程車是否還在，走了，不見了。然後……（我在想有沒有人猜得到我接下來要做的事呢？假如是你，接下來會怎麼做？）

我希望自己接下來這麼做：直到芙恩和凡恩坐上火車，無法折返時，我會傳訊息給凡恩：「你坐在計程車裡時，有沒有看見我在車子旁邊掉了東西？有一份重要文件不見了，我正在車子裡找，但不在車上，也沒在路上。」凡恩這時會知道我贏了、他輸了，畢竟我又走去外面，這次他完全無能為力，這不是很有趣嗎？可惜的是，我是寫故事的前五分鐘才想到的。

實際上，我是這麼做的：我倒了一杯葡萄酒，坐了下來，接下來的十分鐘都心煩意亂。我來回踱步，一邊喝酒，一邊想著「發生討厭的事情」、「太差勁了」，我感受到的不是憤怒（憤怒會讓人振奮，甚至從中獲得樂趣），是噁心與侮辱。我目睹到對方堅信我沒能力照顧好自己、家與小孩。

半小時過後，我走出去，站在車道上，心想：「凡恩，去你的。你，還有那笨計程車、笨火車，去你們的。」然後，我回到屋內。

隔天早上，我的憤怒消失了，噁心和侮辱的感覺也消失了。唯一留存的是全新體會：凡恩是不理性又神經質的控制狂。我利用這次的新體會，塑造一克拉的怨恨。

那晚之後，我採取一些措施，只要凡恩登門拜訪，先生總是在家。我不知道凡恩是有性別歧視，還是堅信我做不好任何事，只要他知道家裡不是我獨自照顧小孩，就會放心一些，所以想大幅降低凡恩的前述行為，這項措施似乎合情合理。

我不曉得你認為這則怨恨故事有多嚴重，但如果納悶為什麼在怨恨克拉分級中最低，原因如下：

1. 凡恩沒有傷人的意思，只是想確定我的小孩有人照顧。

2. 凡恩處於某些情緒時，會變得極不理性，是個災難主義者，這可能源自於他兒時的家庭生活，在某方面缺乏安全感，所以對小孩的安適與否，也會出現不理性的恐懼。

3. 其實沒有壞事發生在我或他人身上。我雖然惱怒又心煩意亂，但沒有受傷、被毆打，也沒被浸在一桶魚內臟裡。儘管凡恩做出令人討厭的行為，但沒傷及我的情感，也無損我對教養能力的自信。

這則故事會成為我喜愛的怨恨是因為荒謬又好笑。我很喜歡把這則故事說給別人聽，每次想到總是忍不住笑出來，尤其是我走回車後，假裝在車廂翻找幾分鐘的情節，純粹只是為了證明，我隨時隨地都能做到這一點。

第 3 章

這些事，
你應該好好記仇

「我記仇，卻恨不了人，恨人不是我的本性。」

——聲名狼藉先生（Notorious B.I.G.），美國饒舌歌手

怨恨世界多采多姿，本章會介紹很多奇特又不尋常的種類。此處暫不討論錯誤或無緣無故的怨恨類型，之後章節會再提及，現在先繼續討論良好的怨恨。

以前從來沒人對怨恨做過全方位的分析，我在此扮演的角色是蔚為先驅的怨恨分類工，希望能創造出怨恨週期表，不是元素週期表。

當我問先生，會怎麼替怨恨分類，他露出困惑的表情，說他不會分類。我追問：「如果一定要呢？」

「不曉得，」他回答，「可能會把對人的怨恨分成一類，對地方的怨恨……」

「不對，這種分法並不理想！」我打斷他的話，因為突然有個想法迸出，使我興奮起來。他聳了聳肩，離開房間，也許他記仇了，因為我堅持要他討論不感興趣的話題，還搶話。

他建議的分類激發了我的想法，我認為最有意義的分類法，是依照心理主題或要點。前文已提及一些故事，比如「做對的事卻太晚」，這名稱不是指該事件的內容，而是記仇的原因。

以下列舉二十九種常見的怨恨類型，有些怨恨還同時符合多種，除了以下分類，還有許多類型沒在此處列出，我會更新在「How to Hold a Grudge」網站裡的「Grudge of the Week」*頁面，每週定期刊出。

此處列出的每種怨恨類型，都會舉一個真實簡短的故事。

無故攻擊型：無緣無故對你發飆

按字面的意思，這個怨恨十分易懂又不言而喻。

案例

蕾貝卡四十歲生日，邀請卡蘿和索妮亞兩位朋友外出用餐。蕾貝卡和索妮亞住在同一條街，蕾貝卡就便順路搭索妮亞的車一起出發，卡蘿則直接約在餐廳見面。一路上，兩人聊了近況與八卦。抵達餐廳後，卡蘿先祝賀蕾貝卡，問她收到哪些生日禮物，接下

* 網址為 https://sophiehannah.com/grudge-of-the-week-7/

來的十分鐘，索妮亞開始與卡蘿寒暄。蕾貝卡在一旁聽著，沒有加入，不久突然哭了，隨即衝出餐廳。

後來，蕾貝卡紅著眼睛回來。她們詢問原因，蕾貝卡不高興地說：「妳們毀了我的生日！索妮亞，妳到餐廳就跟卡蘿講話，明明知道今天是我的生日卻完全不理我。」

索妮亞解釋只是關心卡蘿，同樣的話，在開車路上也問了她，索妮亞不覺得自己有錯，就算今天是蕾貝卡的生日也沒有例外。但蕾貝卡不認同，說：「這是我的生日晚餐，妳們聊天不該排擠我。」

這是真實故事。蕾貝卡對她們的攻擊，完全是無緣無故，所以應該要記仇。說來有意思，對於毀掉生日的指控，索妮亞和卡蘿的反應截然不同。卡蘿說：「什麼？妳心理有問題嗎？滾開，我受不了了！」然後就衝出餐廳。

隔天，蕾貝卡打電話向卡蘿道歉，卡蘿原諒她，沒有記仇，兩人和好如初。但那晚，索妮亞載蕾貝卡回家，一句話也沒說，蕾貝卡細數著她們某些時候很要好的程度彷彿勝過自己，但事實並非如此。

索妮亞將蕾貝卡載到門口，露出友善的微笑後，便開回家，她想著晚上的情景，不希望被人無端攻擊，於是封鎖了蕾貝卡。

四年後，索妮亞的態度軟化，在共同朋友的婚禮上，主動找蕾貝卡攀談，恢復了友誼。幾年後，蕾貝卡有一次喝醉了，再次提起生日晚餐事件，開玩笑地說：「我不應該做出那種反應，可是拜託喔……妳的行為也有點渾蛋，不是嗎？」索妮亞不曉得她指的是原本的事件，還是自己四年都在回避蕾貝卡的事。但不管是哪一種，索妮亞都覺得很有意思，因為蕾貝卡竟然認為這全是她的錯。

強人所難型：勉強你做不想做的事

對方勉強你做不想做的事，讓你陷入必須拒絕他人的尷尬處境，因此為了避免陷人於不義，千萬別強人所難。但我們也要懂得勇於拒絕，不須感到內疚。

案例

瑟琳娜和寶琳算是同事，兩人是同產業的自由工作者，有時在開會時會碰到，相處也很融洽。但瑟琳娜非常愛指揮人，喜歡按自己的意思做事，往好的一面來看，她精力充沛、組織能力強，不僅說到做到，絕大多數的成果也很完美。

正因為大家只注意到她聰明、高效率、專橫的一面，忽略了她獨特的善良是已經到了會照顧病重妹妹的程度。寶琳心想，如果自己有妹妹的話也會這麼做，因此對瑟琳娜的高尚行為很感動。

瑟琳娜有位閨蜜名叫凱西，她經常遇到倒楣事，只要一有麻煩，瑟琳娜就會陪在身邊，或者聊好幾個小時的電話或Skype，兩人交情非常好。後來，寶琳搬到凱西家對面，她從未見過凱西，但既然是瑟琳娜的好友，寶琳決定去拜訪她。

寶琳自我介紹後，邀請凱西過來喝咖啡，她很喜歡凱西，現在也是如此，但喜歡的程度有限。因為寶琳發現，凱西的住所骯髒到你真的不想坐下來，再加上她悲慘的生活狀態，使她很想迅速逃離。因為寶琳喜歡整潔的生活，於是決定盡量少跟凱西接觸，只在必要時，會約在自己家或外頭見面。

有一天，寶琳對我說，她收到一封瑟琳娜寄來內容很長的電子郵件，信中寫道：凱西正處於低潮，但她要出國六週，想拜託寶琳每天關心凱西的狀況，如果發現她深陷絕望，就去鼓勵她，諸如此類的內容。

這個請求嚇到了寶琳，因為瑟琳娜竟以為她和凱西的關係也很親近，認為會跟她一樣為凱西奉獻。這代表凱西感到痛苦時，她必須隨時放下一切，幫助一個她不太熟又決心避開的人。

寶琳試著婉轉拒絕，同時也表達出堅定的「不要」。瑟琳娜立刻回信：別擔心，那就這樣了。儘管如此，寶琳還是記仇了，因為瑟琳娜害她變成無情之人，不願幫助對面的女人，即便是遇到麻煩事，也是狠心不願幫忙。不過，寶琳最大的怨恨，是當共同熟人聽到此事時，多半會覺得她殘忍又冷血，這使她更氣瑟琳娜。但瑟琳娜卻沒意識到，她理所當然以為寶琳必須隨時照顧她朋友的無理要求，其實已經超過自以為是的程度。

愚蠢玩笑型：不合時宜的開玩笑

對方可能只是在開玩笑，但誰在乎呢？玩笑話還是有可能不合時宜，冒犯到人；或者為了回避對方攻擊，說出其實是反映真實的玩笑話。

案例

梅麗莎花了一大筆錢，租了間豪宅，好讓整個家族能一起出席特別活動。梅麗莎的伯父帶了交往不久的女友桑希，聚會到一半時，梅麗莎外出遛狗一小時。當她回來按門鈴時，桑希開門，以開朗聲音說：「今天不行，謝謝！」然後當著她的面，用力關上門。這是在開玩笑。幾秒後，桑希打開門說：「哈哈……進來啦。」桑希沒有傷人的意思，但梅麗莎從此開始不喜歡她。

背叛信任型：有人對你說謊或說話不算話

有人對你說謊，破壞你對他的信任，或者對方答應你的事沒做到。

案例

珍妮、蘇珊、菲，三人從青少年開始就是好朋友，形影不離。十四歲時，她們約好第一次發生性行為要告訴彼此，不可以跟別人說。

兩年後，蘇珊跟男友賽門發生關係，告訴了珍妮和菲。蘇珊以為自己是三人當中，第一個跟男友上床的。沒想到菲馬上看向珍妮，露出心照不宣的微笑，說：「我該不該跟她講？」珍妮顯得一副很不自在的樣子。

蘇珊馬上就知道菲接下來要講的話。菲說：「其實半年前，我跟尼爾睡了。對不起，我知道要告訴妳，但我很在意妳會怎麼想，所以只告訴珍妮，因為我覺得她不會反對。」從此，蘇珊對菲記仇，這不只是菲沒有遵守諾言，還隱瞞她。蘇珊心知肚明，菲只跟珍妮說，是因為她想跟珍妮的關係更親密，排擠她。

在蘇珊看來，菲透露了兩件事：一是菲跟尼爾睡了，二是珍妮知道並保守祕密，這很明顯是挑撥離間珍妮與自己，讓珍妮站在她那邊。但蘇珊才不讓菲稱心如意，她不對珍妮記仇，因為她知道珍妮很為難，所以三人還是「好朋友」。

這件事之後，蘇珊再也沒有真心信任菲，但因為珍妮還是喜歡菲，為了不讓她難做人，蘇珊沒有出言攻擊。不過自從高中畢業後，蘇珊就斷絕與菲的聯絡。三十年後，菲找到蘇珊的臉書，寄出一封語氣和善的電子郵件：嗨！妳好嗎？期待收到妳的回音。蘇珊想著是否該回信，但想到與菲相處時，她的態度惡劣，便不想再重修舊好。

偽善型：對你有雙重標準

對自己與他人有雙重標準，就是偽善型怨恨。

案例

凱倫的好友奧黛麗經常在社群上貼文：「仁慈不用花費分文」、「待人要和善，你遇到的每個人，都有一場你毫無所知的辛苦戰役要打」等這類內容。

不過，每當凱倫不如奧黛麗的意，就會變得很刻薄。奧黛麗永遠不會思考自己的言行舉止有多表裡不一，明明貼了愛與仁慈的文章，但現實生活中，只要惹怒她就會翻臉不認人，使得凱倫對此非常記仇。

說謊之徒型：把傷害別人的行為合理化

這種怨恨極其重要，因為說謊之徒型的怨恨事件，是**在道德上嚴重冒犯他人**。如果某個人曾對你出現這類型數個或只有一個的怨恨，你卻仍然與他交往，建議你審慎思考並採取防範措施，以防對方再度傷害你，這是為了你與周遭人好。

首先，我解釋一下「說謊之徒」的名稱，來自於美國心理治療師史考特・派克（M. Scott Peck）撰寫的傑作*（書末有一章講述超自然內容，極其罕見，但除了該章，本書堪稱一流大作）。

派克舉了一個案例，彼得一時嫉妒憤怒，殺死妻子瑪潔麗和兩個小孩，然後悔悟道：「哦，天啊！我做了什麼？我怎麼做出這麼可怕的事？我犯下不可饒恕的罪，應該

---

* 書名為《說謊之徒》（*People of the Lie*）。

要天誅地滅！」如果彼得是這樣回應自己的罪行，代表他認清自己所犯的罪，沒想過要減輕惡行，那就表示他還有希望，不一定是邪惡之人。

派克認為，邪惡之人不一定會做出最有害或最卑劣的行徑。他們自認秉性善良，沒有做壞事的能力。他們的出發點是「我從頭到尾都是個好人，向來都是對的，只會做好事」，所以在攻擊或傷害某人時，會在自己的腦海裡改編論調，將他們傷害人的事實合理化，但實際上卻是壞人。在派克來看，這是心理扭曲的謊言，讓「邪惡」合理化，這將對世界帶來極大的傷害。

案例

為了呈現說謊之徒型的怨恨樣貌，我特地從個人經驗當中選出風險較低的案例，但至今仍讓我不寒而慄，因為我很清楚，若換在高風險的狀態下，此人做出的行為將造成嚴重損害。

我們這群人（介於二十歲與三十歲之間）是某家公司的顧客，該公司鼓勵顧客間能互相交流，所以我們有個電子郵件群組可以溝通。我對該公司所提供的部分服務，已經不太滿意一段時間，因為太忙就先擱在一旁，想著以後再處理。

不過，我覺得自己被敲竹槓了。有一天，群組郵件裡的某位顧客寫信給大家：各位，我想知道一件事，對於少了A、B、C的事，有沒有人感到不滿？

這恰好是我在意的幾處，於是我按下「全部回覆」，表達同意，依照契約規定，A、B、C全是該家公司必須提供給顧客的服務。結果不只是我，很多人都在群組裡贊同：對，公司沒把應該提供的服務給我們。

因此，我們決定擬一封連署信，以恭敬有禮的態度，指出該公司應實現該給我們但卻沒提供的服務，這封信沒有憤怒、沒有責難，只有我們付出高昂費用，合理想要獲得公司允諾提供的服務。

群組串裡的一些人仍舊保持沉默，我猜想不作聲的人是那些即使輕微爭吵，也會害怕出事的人。在任何團體裡，總是會有這類人。我媽曾經說過一件事，至今仍忘不了：「妳一定要記住，大部分的人都很怕事。」這說法千真萬確，一聲不吭的人之所以保持沉默，是因為擔心要是連署簽名，那家公司會施以可怕的報復。

這件事發生時，我女兒剛好認識某個男生，他母親也是該群組的一員。那位男生表明他媽媽不打算回覆，還以輕蔑語氣對我女兒說：「我媽說，她不想興風作浪。」

不管有沒有自覺，他母親試圖把我們這些要求更好待遇的人，說成是在做負面又惹麻煩的行為，把我們看成是興風作浪、製造紛爭的掃興鬼。

那名十幾歲的男孩也受到影響，認為遇到這種情況若開口說「可不可以請你們提供我們付錢購買的服務」時，就表示是壞人，但他母親沒有「一起惹事生非」，就是散發正能量的高尚人士。其實，他母親就是說謊之徒。

說謊之徒型的怨恨是指有人認為自己是阻擋壞事的好人，但實際上卻是阻擋好事的壞人。

輕視型：毫無根據看不起你

有人毫無根據地輕視你。

案例

我九歲的時候，老師對班上宣布全國兒童詩作比賽即將到來，希望每個人都能寫一首詩，她會幫忙報名參賽。寫詩是我的愛好，以同年齡的小孩來說，我算是很會寫，因為我懂得押韻，但不知道怎樣才不會矯飾浮誇。我的詩有一段是這樣的：

記得海洋還是藍色的時光？
如今已是紅色的惡魔陰影。
（……我不記得第三行，但肯定同樣尷尬。）
林木此刻已經枯萎死亡。

老師讀了大家的詩後宣布，除了我，其他的都會送去參賽。她請我放學後留下，我不明白原因，直到同學們離開後，她才對我說明不報名的理由。她認為這年齡的小孩寫不出這麼好的詩，肯定是作弊，試圖威嚇我「招認」，但我做不到，因為每一個字，的確都是我親筆寫的。

隔天，爸媽到學校幫我解釋，他們帶了好幾本寫滿我其他詩作的筆記本，同樣令人尷尬卻也精通押韻，老師還是不肯讓步。直到最後，她才說如果我能在她面前寫出這些水準的詩，就願意幫我報名。我寫出來了，她也幫我報名，但我沒有得獎。或許我原本想報名參賽的詩也不會贏，但比起被迫寫詩來證明沒有作弊騙人，原本那首實在好多了。

還有一種怨恨類似輕視型，就是佯裝輕視型，或稱「否認功勞」或「成就型」怨恨。多年後，我長大成人，出版了一些詩集，有一本入圍獎項。一位親戚問我：「妳認識哪一位評審啊？」這不是玩笑話，她知道我沒有認識。我回覆她都不認識，她說：「哦，哦，是，對不起。」她的目的是想讓我相信，她認為我在評審團沒朋友的話，是不可能入圍的。

這「系列」看不起的怨恨，**因為受到他人的輕視，無法獲得讚美認可，所以常能鞭策做出一番大事，是壯大自己的動力**。

觀點不同型：對方和自己的價值觀不同

因為對方採取的觀點或行為與自己不同而記仇對方。為了平衡政治觀點，以下會列舉各式各樣的案例，維持中立。

案例

- 賈斯普對葷食者記仇，因為他們有意忽視消費動物產品會危害環境與道德；並且他認為每一塊牛排至少要浪費快三百八十公升的水，這會加快雨林濫伐的速度。
- 丹妮對英國政府記仇，因為政府縮減身心障礙人士的福利，等於是懲罰他們。
- 柯琳非常記仇自己的先生，因為她認為英國工黨*的高層，是支持恐怖分子的史達林主義者，但先生依舊保有該黨籍；現在她不僅認為先生與邪惡勾結，也承認先生對整體局勢的看法與她截然不同。

---

* 自二十世紀初以來，是英國主要的民主社會主義政黨，但反對保守黨。

- 克萊兒的妹妹是川普（Donald J. Trump）支持者，克萊兒支持女性主義，認為川普歧視女性，所以永遠不會原諒妹妹。
- 米蘭達是《生存的十二條法則》（*12 Rules For Life*）作者喬登．彼得森（Jordan Peterson）的忠實書迷，因此米蘭達會記仇將彼得森視為黑暗力量的朋友們。

缺乏支持型：沒人支持你，讓你失望或受傷

因為無人支持你，使你失望或受到傷害，所出現的缺乏支持型怨恨。

案例

珍娜有六位好友，其中一位芭芭拉總是脫口說出打擊珍娜外表的言論。一開始還解釋得過去，但次數一多就明顯是故意了，珍娜也知道芭芭拉是刻意傷害、貶低她。有一次，芭芭拉在描述某位女性有多醜時，立刻對珍娜說：「我說啊！她比妳醜多了。」一

副像是稱讚珍娜的模樣。

珍娜忍了十年後，寫信給芭芭拉問她能不能別再發表這些精心設計的諷刺言論，她還是希望與芭芭拉維持友誼，但如果她不改變就斷絕聯絡。芭芭拉否認一切還指責珍娜，於是珍娜封鎖了她。珍娜很清楚，芭芭拉不是友善的人，失去她沒有損失。

但有一點讓珍娜感到難受又記仇，就是另外五位好友，竟然沒有一個安慰她說：「我知道芭芭拉確實做了這種事，她是不對的。」彷彿認為是珍娜大驚小怪，誤會芭芭拉。儘管珍娜還是跟她們維持友誼，但她知道當她們被攻擊而需要支持時，她不會幫腔了。

缺乏關心型：不在乎你的感受

類似缺乏支持型怨恨，但關心和支持還是稍有不同。

案例

黛溫與某家組織達成協議，同意做三件事宣傳該組織的計畫。沒想到該組織合作的公關公司，竟打電話給黛溫，問她能不能額外做第四件事——接受「Sky 頻道」的訪問，並且隔天早上六點錄製。

當時，她得了重感冒，不僅咳嗽，喉嚨還很痛，所以回絕：「我沒辦法，真的很對不起，今晚要進行很重大的活動，可能很晚才結束，再加上我生病了，要是清晨四點半起床只會更不舒服。」

通常識大體的人都會說：「當然，我們完全理解。」不過這家公關公司卻一直連絡黛溫，試圖要她回心轉意。一而再、再而三，公關公司輪替不同的人打給她，黛溫索性不接，他們便改傳訊息，傳個沒完沒了。

黛溫回訊：「我知道這件事對你們很重要，但請試著理解一下，我病得很嚴重，差點沒能完成今晚的活動，如果要我隔天早上再進行一場是不可能的。對不起。」但他們仍不放棄，不斷傳訊息給她，懇求她改變想法，最後黛溫致電該組織的負責人，請他們連絡公關公司，禁止再聯繫她。

黛溫決定對公關公司記仇，從此後再也不跟他們合作，因為這些人並不在乎別人的感受。同時她也對該組織記仇，因為他們明知公關公司強人所難，卻還是繼續跟他們合作。所以黛溫決定再也不要跟他們有所接觸。

（這也是「強人所難型」的絕佳例子，通常許多怨恨也會被歸屬在其他類型。）

忘恩負義型：對方不懂感激你的付出

指有人忘恩負義或不懂感激所引發的怨恨。美國電視情境喜劇《人生如戲》（*Curb Your Enthusiasm*）第九季有一集很精采，賴瑞．大衛（Larry David）好心讓一些陌生人住在他家，他們不僅沒有心存感激，態度反而冷淡草率，讓他氣得要命。

《人生如戲》的主題是一些惱人的怨恨，除了描繪我們如何記仇，也演出自己的惡行又是如何導致他人懷恨在心的劇情。除了推薦《人生如戲》，賴瑞．大衛的知名前作《歡樂單身派對》（*Seinfeld*）也值得觀賞。

案例

- 法蘭克每天加班一小時。有一天他吃午餐，晚五分鐘進公司，上司便罵他一頓。十四年後，法蘭克還是耿耿於懷。
- 克蘿的雙親買了一棟房子給她和女友雪莉住，幾年下來省了一大筆房租。這段期間，克蘿經常與雪莉及其父母外出用餐，即便克蘿雙親提供雪莉免費住宿，但雪莉的父母總是只付自己的，從來沒請克蘿吃過一頓飯。

錯誤反駁型：貶低你的經歷

被他人攻擊、貶低或反駁自己的經歷。

案例

保羅對羅菈的情緒勒索超過二十年，雖然他只出手打過一次羅菈的臉，但平時總愛控制、威嚇、霸凌與操控她。多年下來，羅菈覺得都是自己的錯，所以經常哭泣、道歉。現在她已經擺脫那段關係，目前很幸福。

多年前，羅菈與家人提姆聊起這段往事，提姆一直親眼目睹這段不正常的關係。羅菈問：「你回想我以前的生活……是不是總在哭？因為在我的記憶裡，我常常哭著道歉、乞求原諒，也覺得必須擺脫現況，否則會受不了。那時候我以為所有的感情關係都會有這些爭吵，所以一直覺得是正常的。」

提姆點點頭，認同地說：「嗯，對啊，我記得妳蠻常哭的，可能覺得內疚吧！」提姆沒意識到自己的回答讓羅菈感到不開心與刺耳，因為他覺得是羅菈做了某件事，才讓保羅怒吼、霸凌或不理她，他的回應彷彿認同保羅的施虐行為。

蘿拉的確為了爭取少有的自由與隱私空間，養成對保羅的說謊習慣，但保羅的過度反應也確實嚇壞她。最讓她驚訝的是，提姆明明親眼目睹自己被虐的過程，卻不認為她是受害者。回想起羅菈那段人生經歷，提姆卻斷定她的表現一定是內疚所致，所以對提姆記上永遠的怨恨。因為「內疚」一詞擊中她的心，就如同沉重的靴子狠狠踩在她的人生故事上。

越線型：有人故意侵犯你的界線

這跟強人所難型不同。越線指的是**你已設下明確界線或本來就存在的原則，但有人依舊跨界侵犯**。反之，若是有人試圖強迫我們做某事，但當我們出聲阻止：「不行，你不能那樣做。」他也停止後，就不是踩線。

案例

無巧不巧，幾天前，我剛好碰到誇張的越線事件。當時我抵達度假屋，打算完成一件緊急的寫作專案，卻發現我合作的度假屋租賃公司，竟然進來我的租處擅自亂動屋裡的物品。

我曾與該家公司取得共識，同意他們進來盤點屋裡備品，方便我將來出租度假屋，所以就把屋子鑰匙的保險箱密碼告訴他們，但我只授權他們盤點，並不知道他們還做了其他事。最重要的是，我既沒確定度假屋會出租，也還沒跟該公司簽約。他們就把我的寢具、毛巾、浴墊都換成他們的品牌，所有浴室也都放了他們的盥洗用具，我的物品則被收進櫃子和抽屜。保險箱裡的鑰匙也都繫上他們的鑰匙圈，甚至我所有的羽絨被標籤上，都用黑筆寫了我的地址。

這讓我必須先花幾個小時的時間，翻找一些最簡單的用品放回原位，卻耽誤我最主要的工作。我寫了封信給他們，詳述所有的不滿，試圖讓信中語氣看起來火冒三丈，但我的怒火其實因為以下念頭滅了一大半：「哦……這會是很厲害的怨恨！」

當你也變得像我一樣，是經驗豐富的怨恨看守人，將會因為關注此事的強大怨恨潛力而平息內心的憤怒。我向你保證，做到這點，將能獲得巨大的解脫。

試圖奪走主導權型：干涉你的合理決定

有人試圖阻止你做出合理的選擇與決定。

案例

路克與太太、四歲女兒搬到新家不久，路克父母便前來參觀，順道吃個午餐，夫妻倆很自然地帶他們看房子。到了女兒臥室時，路克母親看了一眼就說：「她睡的那張床不夠大，你要買更大的。」

路克解釋女兒睡在這張床上很舒服，沒有滾下來過，平躺的兩側空間也很大，認為現在這張就足夠，未來會再買更大的床給她。結果母親立刻氣得大罵：「反正最後也是要換，為什麼現在不換？她睡這張床明明不夠大！」

路克冷靜說，這是他們夫妻倆的決定，是他們的家，更是自己的女兒。母親不願接受，一直生悶氣，毀了這美好的團聚時光。尤其午餐時間，她坐在餐桌對面瞪著路克，不跟他講話。希望他會按照她的意思做，讓她高興。雖然路克小時候看到母親生氣，大多會聽她的話，這次卻是決心不從。

看見路克沒有順從的跡象，母親終於開口：「也許你覺得她現在不需要大一點的床……但就不能買來讓我開心一下嗎？」路克解釋如果情況合理，他會樂於讓母親開心，但用情緒勒索他，換掉原本好好的家具，他會拒絕。聽到這樣的回答，母親還是生悶氣。

威脅型：用不合理的方式威脅你

這是指**有人以不合理的方式威脅你**，但為了阻止惡劣行為所做出的威脅則例外，例如：「你再繼續踢你妹，就取消甜點時間的蛋糕。」

案例

安妮搭公車時，巧遇摯友的先生葛雷格上車，他坐在她旁邊，兩人開始寒暄閒聊，安妮察覺葛雷格神情沮喪，問他發生什麼事，葛雷格說了一個冗長複雜的故事，是一位女同事凱西剛拒絕他的事。

不久前，他向凱西告白，說自己愛上她一年多，樂意為了她與妻子唐娜離婚，凱西拒絕了，表示從來沒有喜歡過他，一定是他誤會了。安妮聽了簡直不敢相信，葛雷格明明知道她是唐娜的好友，竟然還全盤托出。他訴苦完後，才意識到安妮與妻子的親密關係遠勝過他，這簡直危及到自己的安全。

於是他尷尬大笑，一派輕鬆地說：「對了，妳最好不要跟唐娜說，因為……哈哈！我會開槍殺妳小孩。」安妮幾乎可以肯定他是在開玩笑……但又不完全確定。

自我責備型：嚴厲譴責自己

對自己記仇是最強大的怨恨類型之一。但很重要的是，自我責備型不應該因為記仇對象是自己而比其他怨恨類型更強烈，如果不能像原諒別人一樣原諒自己，不能像放下別人怨恨一樣拋開對自己的怨恨，很可能會變得更加懦弱與自我傷害。

這其實源自於內心的恐懼，認為自己無法跟威脅到你的人產生衝突，於是踏上嚴厲責備自己、默許自己成為受害者的輕鬆途徑。這種做法並不好，若自願成為受害者，你很快就會發現自己也在為其他人扮演這種角色。只有公正對待自己，才能獲得他人的尊重。

案例

葛蕾絲與安格斯曾有一段曖昧期，他們約會了幾次，親吻過一次，由於葛蕾絲當時正跟傑克交往，為了避免關係更複雜，她決定和安格斯就此打住，做回朋友。

她之所以會認識安格斯，是因為他是哥哥戴夫的同事。有一晚，葛蕾絲和傑克去戴夫家吃晚餐，戴夫突然對葛蕾絲說：「我要私下跟妳談一下，我們去兜風吧！」傑克和戴夫的太太以為是兄妹間的私事就沒過問，但葛蕾絲不曉得傑克要說什麼。

兄妹倆出發後，戴夫問：「妳跟安格斯外遇嗎？」

由於她與安格斯都沒打算發展進一步的關係，所以誠實回答：「沒有。」

「不要騙了，」戴夫說，「安格斯是我的同事，我知道有問題，妳一定要把情況一五一十說出來，不然我要跟傑克說妳有外遇。」

葛蕾絲嚇呆了，她很清楚要是忤逆戴夫，他會真的告訴傑克。她還沒準備好跟戴夫坦白，自己曾與安格斯接吻、約會的事，一來是不關戴夫的事，二來是說出來似乎不妥。萬一他跟傑克說呢？就算她和安格斯沒有實際發生關係，傑克還是會不高興。

她馬上動起腦筋，說謊騙戴夫，希望能將他聽到或看到的狀況「合理化」。葛蕾絲解釋安格斯喜歡她的朋友羅菈，想聽聽她的建議，所以才會私下見他幾次。戴夫接受了這種毫無說服力的故事（想必是因為他很想相信，同事和他妹妹沒有外遇），他們回家重新加入聚會。

葛蕾絲很氣自己像個沒骨氣的膽小鬼，當初應該說：「戴夫，我和安格斯的關係沒有義務要告訴你。如果你再威脅我，我就要跟你斷絕聯繫。」其實，戴夫沒有權利過問她的私事，葛蕾絲當初也覺得應該堅守立場，說出這段內心話。

拋棄型：被人丟下

這是指**被人拋棄而產生的怨恨**。以下案例已構成虐待兒童與記仇的理由。

案例

約翰十四歲那年放學回家，發現家裡空無一物，他的物品被打包放在門外的黑色袋子裡，原來全家都搬走，只拋下他一個人。七年後，他找到母親，兩人重新和好，相處僅十八個月，母親再度離家。即便約翰知道母親的住所也不再聯絡她，因為不想再給她第三次機會。

還有一些不太痛苦的情況會引發拋棄型怨恨，例如無預警取消合作。去年，夏恩有意與我合作某項專案，內容與文學戲劇有關。我們熱烈討論幾個月後，有一次我寄了電子郵件給他，卻再也沒有得到回應。或許他基於某種理由不想再繼續這項專案，但無論是寫信或寄電子郵件知會我一聲都不是件難事，沒想到竟然直接搞失蹤。我也很慶幸因為這件事看清楚他的為人，幸好沒有跟他的組織牽扯太深，讓我下定決心，往後不再與他們合作。

不公正型：在你身上發生不公不義的事

有不公正的事件發生在你或他人身上。

案例

某間女子高中，每年都會頒獎，其中體育競賽的銀盃是頗負盛名的榮譽。有一年，這座銀盃頒發給奧莉薇亞，大家都很訝異，雖然她在幾場籃網球比賽中的表現傑出，但同年級的梅根更加優異，儼然就是該校的運動明星，很有潛力贏得奧運金牌。

頒獎典禮結束後，大家才知道選出每年得獎者的體育主任曾試圖推薦梅根，但資深組長一聽到銀盃要頒給梅根，就說：「如果你頒給奧莉薇亞，我會感激不盡。」「不行，我要頒給梅根，」體育主任說，「她應該要拿到銀盃。」

「對，可是奧莉薇亞沒拿到其他獎，」組長說，「如果沒有銀盃，就什麼也沒了。」體育主任認為就算堅持立場也會被否決，於是就讓步了。

不知道哪個環節出了差錯，組長當時不曉得奧莉薇亞還有贏得另外兩個獎項。但頒獎典禮當天，組長突然對體育主任說：「哦，對不起，我今天早上才知道……現在太晚了，獎盃已經刻上奧莉薇亞的名字。」

無禮型：對你粗魯不禮貌

在此指的是**有人對你無禮到不能忍受的程度**。但有些情況例外，比如你先挑釁對方或對他人失禮。

案例

莎曼珊獲邀參加詩歌節，負責週六晚上的朗誦活動，因為售出兩百多張門票，主辦人十分開心。

週六中午，詩歌節主辦人克萊夫帶著出席的詩人、夥伴、佳賓一起外出用餐，大家聊到翌年詩歌節要邀請哪些詩人，莎曼珊提議艾西亞・克萊門斯（Althea Clements），她很喜歡這位詩人的作品。

沒想到，克萊夫感慨笑說：「哈！請不起！今年試過了，妳會在這裡，是因為妳是便宜版的艾西亞・克萊門斯。」

整桌的人立刻鴉雀無聲。克萊夫後來向莎曼珊道歉，堅持莎曼珊一定要原諒他，一來是因為他對別人更無禮，二來他是不幸的酒鬼，而且前陣子妻子剛去世。

設想最壞情況型：總是不看好你

有人對你的行為做了最壞的詮釋，還反駁你。

案例

鮑伯的兒子山姆是足球迷，一直很想要里茲聯（Leeds United）*的某張海報。有一次，爸媽問山姆想要什麼耶誕禮物，他提了海報，結果真的收到。山姆興奮地想貼到牆上，鮑伯說：「如果用萬用黏土貼到牆上，很快就會出現折角，你覺得裱框如何？」

「好啊！」山姆贊同，鮑伯收好海報後，打算有空再去裱框，不過當時他忙於工作，還要打理生活和年幼的小孩，空閒時間很少，根本沒辦法裱框。幾週後，鮑伯回去父母家，他父親問：「那張海報掛在山姆房間的牆上，看起來如何？」

「我還沒掛上去，」鮑伯說，「我一直很忙，所以還沒……」

話還沒說完，父親就大吼：「你還沒掛上去？你拿著那張海報好幾個禮拜了，我和你媽花那麼多時間努力找那張海報，但你掛海報只要五分鐘，五分鐘！」

鮑伯覺得被誤會，便對太太說：「我現在沒時間裱框，只好你來做了。」但後來其實也沒必要了，因為幾天後，山姆說不支持里茲聯，改為切爾西（Chelsea）**。對鮑伯

---

* 里茲聯，是英格蘭西約克郡里茲（Leeds）當地唯一一家職業足球俱樂部。

** 切爾西是一間位於英格蘭首都倫敦的足球俱樂部。

來說，這簡直是他的報應。

這些也是值得記仇的事

- **排擠型**：被人刻意排除在外所產生的怨恨。
- **懦弱型**：有人因害怕而不敢做出正確的事，造成你的負面影響。
- **不當警告型**：算是有點強烈到你無法理解的警告。當有人警告你不可能發生的情況時，其實本身已經構成攻擊行為。
- **過度反應或相關傷害型**：有人過度反應造成的傷害或冒犯，反而比觸發怨恨的事件更大。或者有人無法衡量自己冒犯之舉所造成的相關傷害與後續效應，形成更大或不必要的損害。
- **不公平記仇型**：你可以對別人記仇，但你認為對方沒有記仇你的權利。
- **誤解忠誠型**：別人誤以為你對他忠誠就會因為他也不喜歡某人、願意絕交、揍人或誹謗對方，但實際上你不會。

- **遷怒或訴苦型**：有人生氣或不開心卻無法對自己的感覺負責，將憤怒或悲慘全都發洩在你身上，使你產生怨恨。
- **輕浮懺悔型**：有人懺悔自己過去所做的錯誤行為，語氣卻顯得輕挑又自認有趣，例如：「哈哈，你知道嗎？我之前趁你不注意的時候，常常會把一丁點牛絞肉放到你的素燉菜。」
- **習慣道歉型**：有人很常將道歉掛在嘴邊，就像在發大富翁的「出獄卡」一樣。

除了前述這些怨恨類型，還有其他種類，若你想到有趣的怨恨類型，請不吝告訴我！至於到了本章結尾，就該談談我的另一則怨恨故事。這是兩克拉的怨恨……

＊切爾西，是一間位於英格蘭首都倫敦的足球俱樂部。

記仇事件③

知名作家的假面言論：偽善型

就算我寫的犯罪小說跟記仇無關，基本上還是在寫記仇的事。在虛構的推理小說世界裡，怨恨是許多謀殺案的動機，正因如此，犯罪小說才會成為我的最愛。身為推理小說作家，其中一件工作就是答應阿嘉莎．克莉絲蒂家族的要求，為「阿嘉莎．克莉絲蒂遺產管理委員會」（Agatha Christie Estate）撰寫續集，主角是聞名全球的比利時偵探赫丘勒．白羅（Hercule Poirot）*。

二〇一三年九月，出版社公開宣布我會撰寫全新的白羅偵探小說，這會是阿嘉莎．克莉絲蒂逝世後的第一本作品，消息傳遍全世界。與此同時，英國知名作家麥可．貝克（化名）剛出版一本新書，當時正處宣傳期。我聽過麥可．貝克，因為他很出名，但對他的新書倒是一無所知。

負責出版白羅偵探小說的出版社是哈潑柯林斯（Harper Collins），當時只要有英國和國際媒體提到白羅偵探小說的相關報導就會寄給我，大部分都是版本不同的相似內容，大意是說將近四十年，終於有了全新的白羅偵探小說！

我看到某篇報導是麥可・貝克在講述他的新書，受訪日期恰好跟發布白羅偵探小說續作的日子一樣。我快速瀏覽，看見「白羅」二字出現在頁尾附近。貝克的訪談多半與他的新書有關，但最後一個提問卻不一樣：「蘇菲・漢娜應阿嘉莎・克莉絲蒂遺產管理委員會要求，即將撰寫全新的白羅偵探小說，您聽到消息了嗎？有何看法？」

我對貝克的回答一點也不訝異，他說：「哦！是嗎？我覺得這相當二流，應該要寫有獨創性的作品。」雖然我也聽到很多人認為續集不具獨創性或流於偷懶，但我不認同這個說法。

通常續集的每一項元素都有獨創性，只有一項特定元素不變。就我的情況來說，不變的元素是白羅偵探，而非天空、太陽、氧氣……這類會存在於續集小說的特定元素。

這不是重點，我一點也不在意麥可・貝克不喜歡白羅偵探續集的看法。不過，別人倒是很在意。我的電子郵件收件匣隨即充滿信件，標題寫著「厚顏無恥！」「麥可・貝克，他媽的偽君子！」等。

我困惑不已，為什麼是偽君子？貝克也寫了白羅偵探小說，然後否認嗎？也許寫過

＊ 赫丘勒・白羅是一位由阿嘉莎・克莉絲蒂創造的比利時偵探。

《馬普爾小姐探案》*？但我相當確定他沒寫，假如他是狂熱的阿嘉莎書迷，而且也寫續集了，我一定會聽到消息。

我打開信件，很快發現問題在哪，有二十幾個人寫信告訴我：貝克的新書是重述他人的故事。等一下……什麼？重述？別人編造的一堆故事？

我覺得不太可能，由另一位作者先寫出來的故事再經由貝克重述，從頭到尾都不是自己編造，怎麼還會公開說續集不具獨創性、是三流之作，怎麼沒意識到自己的作品更不具獨創性，肯定哪裡出錯了吧！

我趕緊上亞馬遜網路書店，確認那二十幾個人的說法是否有誤會，結果沒有。抱歉了，各位，結局恐怕沒有轉折，也沒有後話讓一切轉圜。據我所知，麥可．貝克說了那些話後，沒有半夜驚醒想到：「哦，不對！我超級偽君子！我一定要更正才行。」

我想這種情況永遠不會發生，比較有可能的是麥可．貝克有一天出版一本談論記仇的書，在接受訪談時，被問到他對我這本書的看法時會說：「哦！講記仇的書啊？太沒獨創性了！簡直是三流之作！」

上一章，我舉了一克拉怨恨的故事，現在舉了兩克拉的怨恨。有些人肯定開始猜想，這些記仇的事都提到了「克拉」，和分類到底有什麼含意？繼續讀下去就會知道了！

＊阿嘉莎·克莉絲蒂的偵探小說作品。

第 4 章

怨恨分級制度，為你記仇的事秤重

「我沒有惡意，不然很容易就能寫出某個我記仇又胡說八道的人名。」

——安東尼．特洛勒普（Anthony Trollope），英國作家

既然前文探討了值得好好記仇的怨恨類型，現在要進入下一個重要問題：「記仇了，確認怨恨類型後，該怎麼評估怨恨值？」你的怨恨到底是重要強大，還是瑣碎又無足輕重？怨恨不是有形實體，究竟該怎麼評估重量？沒人制定過怨恨分級量表，所以我決定試試看。我也請教我先生，他說：「對於每個怨恨，你需要考慮兩點。」

「只有兩點嗎？」我覺得不太對。

「對，『怒吼』係數，還有記仇多久。」其實，我已經做了一些怨恨分級量表的功課，跟他的提議截然不同。據我所知，這個星球上只有我們思考過怨恨分級和量測事宜，綜合我們的觀點，最終就能制定萬無一失的分級制度。

怨恨克拉分級量表：像鑽石般有輕重之分

克拉*是用於衡量鑽石重量的單位，而怨恨就如同鑽石有輕重之別，無論是置於怨恨櫃還是心裡，都應當閃閃發亮。於是，我決定採用克拉等級表。

以下是替怨恨分級的方法，計分方式如下，第一題到第八題，選a得三分，選b得二分，選c得一分，統計總分後，接續回答第九題到第十二題，將前述總分依各題得分加減，就能得到怨恨克拉分級結果。

現在請回想內心的怨恨，回答以下問題：

1. 記仇對象的意圖？

a. 肯定或很可能是惡意

b. 也許是惡意

c. 不是惡意

* 一克拉等於兩百毫克。

2. 對方知道惹你不開心或傷害到你嗎？

a. 是，肯定知道

b. 也許知道

c. 完全不知道

3. 事件發生的嚴重程度？

a. 非常嚴重

b. 相當嚴重

c. 不太嚴重

4. 對方的行為或言論，對你造成的影響程度？

a. 非常糟糕

b. 相當糟糕

c. 不太糟糕

5. 對方是否能更明事理，甚至做得更好？

a. 是

b. 或許

c. 否

6. 對方是否對你造成實質傷害？

a. 是

b. 或許

c. 否

7. 該怨恨的「怒吼」係數程度？（也就是當你想起這件事，還是覺得「哇，完全無法接受！」的強烈程度）

a. 很高

b. 中等

c. 很低

8. 你會記仇多久？

a. 記仇很久；不太久，但你知道會永遠記得

b. 記仇時間中等；記仇一小段時間，但不會是永遠

c. 記仇時間稍短，很可能下週就放下了

★得分統計：__________

9. 光是這起事件，足以讓你對這個人或這些人記仇？

a. 是

b. 否，只有另外計入其他事件才會記仇

※選a，總分不變；選b，總分扣一分。

10. 假如你的記仇對象沒有做出引發怨恨的行為，你或對方會發生什麼壞事或可怕的事情嗎？

a. 否

b. 是

※選a，總分不變；選b，總分扣一分。

11. 如果記仇對象全心全意道歉，該怨恨會不會一筆勾銷或終止？

a. 否

b. 是

※選a，總分不變；選b，總分扣一分。

12. 記仇對象是你心目中很重要的人，對方也這麼認為嗎？

a. 是，極為重要

b. 是，相當重要

c. 不重要，只是同為人類罷了

※選a，加四分；選b，加二分；選c，總分不變。

做得好！你的怨恨總分出來了，現在進行分級：

十三分以下：一克拉

十四分：二克拉

十五分：三克拉

十六分：四克拉

十七分：五克拉

十八分：六克拉

十九分：七克拉

二十分：八克拉

二十一分：九克拉

二十二分以上：十克拉

十克拉是力量最強大且沉重的怨恨；反之，一克拉最微不足道。理想上，怨恨櫃裡最好收藏不同克拉的怨恨。

再次回到前文舉例一克拉與二克拉的故事，檢視這套怨恨分級量表如何運作，答案會圈起來並以**粗體**表示。

記仇事件②：動也不動的計程車

1. 記仇對象（凡恩）的意圖？

a. 肯定或很可能是惡意

b. 也許是惡意

ⓒ不是惡意——凡恩個性神經兮兮，但他目的是希望所有人都安全無虞（一分）

2. 對方知道惹你不開心或傷害到你嗎？

a. 是，肯定知道

b. 也許知道

ⓒ完全不知道——他沒想到自己的神經質可能會引發我的負面情緒（一分）

3. 事件發生的嚴重程度？

a. 非常嚴重

b. 相當嚴重

ⓒ不太嚴重——沒人身陷險境（一分）

4. 對方的行為或言論，對你造成的影響程度？

a. 非常糟糕

b. 相當糟糕

ⓒ不太糟糕——雖然當時心煩意亂，但很快就能放下並感到有趣（一分）

5. 對方是否能更明事理，甚至做得更好？

a. 是

ⓑ或許——凡恩其實能更明事理，但神經質讓他無法做出更好的判斷，這種程度可看做是疾病（二分）

c. 否

6. 對方是否對你造成實質傷害？

a. 是

b. 或許

ⓒ否（一分）

7. 該怨恨的「怒吼」係數程度？

a. 很高

b. 中等

ⓒ很低——我的感覺不是「大吼」，而是「凡恩太神經質了」（一分）

8. 你會記仇多久？

ⓐ記仇很久——從二〇〇七年到現在。我記仇是為了警惕自己，避免凡恩或其他人對我發神經（三分）

b. 記仇時間中等；或者說，記仇一小段時間，但不會是永遠

c. 記仇稍短，很可能下週就放下了

★得分統計：「動也不動的計程車」，目前拿到十一分。記住總分，下一個階段會用到。

9. 光是這起事件，足以讓你對這個人或這些人記仇？

ⓐ 是——不用扣分

b. 否，除非有其他事件

10. 假如你的記仇對象沒有做出引發怨恨的行為，你或對方會發生什麼壞事或可怕的事情嗎？

a. 否

ⓑ 是——凡恩如果沒看到我進家門，他會一直緊張兮兮，深怕孩子發生恐怖的事（扣一分）

11. 如果記仇對象全心全意道歉，該怨恨會不會一筆勾銷或終止？

a. 否

ⓑ 是——如果凡恩接受治療，對我說：「那些日子，我完全陷入不理性的猜想，如果對妳造成負面影響，我感到很抱歉。」那麼怨恨將一筆勾銷（扣一分）

12. 記仇對象是你心目中很重要的人，對方也這麼認為嗎？

ⓐ 是，極為重要（加四分）

b. 是，相當重要

c. 不重要

★分級結果：「動也不動的計程車」最後獲得十三分，構成一克拉怨恨。根據第三章提到的怨恨類型，我可能會將「動也不動的計程車」歸類不當警告型或神經質發洩型（稍微有別於遷怒型或訴苦型）或過度反應型也很合適。

記仇事件③：知名作家的假面言論

1. 記仇對象（麥可．貝克）的意圖？

a. 肯定或很可能是惡意

b. 也許是惡意

ⓒ不是惡意——他可能不覺得自己虛偽，或深信兩者文學價值不同，所以被問及對白羅偵探續集的看法時，才會沒想到自己的新書也是重述內容（一分）

2. 對方知道自己惹你不開心、傷害到你或對你不公平嗎？

a. 是，肯定知道
b. 也許知道
ⓒ完全不知道（一分）

3. 事件發生的嚴重程度？

a. 非常嚴重
b. 相當嚴重
ⓒ不太嚴重（一分）

4. 對方的行為或言論，對你造成的影響程度？

a. 非常糟糕
b. 相當糟糕
ⓒ不太糟糕（一分）

5. 對方是否能更明事理，甚至做得更好？

ⓐ是——肯定是，他很聰明，所以很清楚自己就是超級偽君子（三分）
b. 或許
c. 否

6. 對方是否對你造成實質傷害？

a. 是

b. 或許

ⓒ否（一分）

7. 該怨恨的「怒吼」係數為何？

ⓐ很高——我還沒動筆寫書，就被他批評沒獨創性，說起來他才沒原創性，這實在值得怒吼（三分）

b. 中等

c. 很低

8. 你會記仇多久？

ⓐ記仇很久——從二〇一三年到現在（三分）

b. 記仇時間中等；或者說，記仇一小段時間，但不會是永遠

c. 記仇稍短，很可能下週就放下了

★得分統計：「知名作家的假面言論」目前拿到十四分。

9. 光是這起事件，足以讓你對這個人或這些人記仇？

ⓐ是——不用扣分
b. 否，除非有其他事件

10. 假如你的記仇對象沒有做出引發怨恨的行為，你或對方會發生什麼壞事或可怕的事情嗎？

ⓐ否——不用扣分
b. 是

11. 如果記仇對象全心全意道歉，該怨恨會不會一筆勾銷或終止？

ⓐ否——不用扣分。我已經原諒他了，若能收到道歉我會很感激。但聰明人有可能缺乏虛偽的自覺性，或有大頭症，這些我都將做為借鏡
b. 是

12. 記仇對象是你心目中很重要的人，對方也這麼認為嗎？

a. 是，極為重要
b. 是，相當重要
ⓒ不重要，只是同為人類罷了。——不用扣分

★分級結果：「知名作家假面言論」最後獲得十四分，構成二克拉的怨恨。

記仇事件④

乾草堆裡的畫作：強人所難型

這則故事不是講述畫作在乾草堆裡，其實另有含意，是我的三克拉怨恨。

幾天前，我搬到了新家，角落還堆著尚未開封的紙箱，若要從中找出某件物品，簡直像在乾草堆找一根針。當時我除了要寫第三本犯罪小說、巡迴宣傳前兩本書，還要照顧兩歲和三歲的小孩，我的先生忙於工作也無法幫忙，蠟燭兩頭燒的我，是有生以來最忙的時期。自從我們搬完家到現在，就只拆了標示「先開」的箱子，其他就等空出時間再繼續。

弟弟泰德與他的太太羅菈非常期待來看新家，我也很樂意帶著他們四處參觀。羅菈是位畫家，個性敏感又反覆無常，這與她的童年創傷有關，一旦覺得別人針對她或不如己意，就會對泰德發脾氣，這種情況我看過很多次。由於我和先生不會遷怒彼此，所以無法了解泰德為什麼能忍受她，最後唯一想到的原因就是泰德耐不住寂寞，擔心就算換了新對象，也可能跟蘿拉的個性一樣或更難相處。儘管我很喜歡羅菈，但跟她結婚，不如永遠單身。

還在舊家時，羅菈送給我一幅她親手畫的油畫，裡頭有四個女人站在道路中央，手臂張開如同翱翔世界。我很喜歡那幅畫，把它掛在客廳，想著到了新家也是一樣，所以打包時放在許多標有「客廳」的紙箱中。

泰德和羅菈參觀新家的那天，我們約好了一起吃晚餐，白天我跟經紀人要到倫敦和出版社開一場很長的會議。趁著休息空檔，我看見泰德傳來的訊息：

泰德（簡稱泰）：突然想到，羅菈送妳的那幅畫，掛起來了嗎？

我：還沒，目前只拆了急用的箱子！

泰：對不起，能否麻煩妳在我們今晚抵達前先掛起來？否則羅菈會生氣。

我：抱歉，沒辦法！我一整天都在開會，結束後還要搭火車回家開車去保母家接小孩。而且我不知道畫收在哪個箱子裡……也沒有時間找！

泰：放畫的箱子應該會標上『相片或畫』？拜託，如果妳找得到，我的人生會好過很多。要是沒掛上去，被罵到臭頭的不只有我……她也會罵妳。真的希望妳先找到畫掛起來，雖然很麻煩妳，但謝謝也很對不起，期待晚上參觀妳的新家。

看完他的訊息，一股怪異、熱燙、刺痛的感覺開始蔓延到我的肌膚，再擴散至全身，怒氣沖沖的我想趁著退縮前，趕緊打電話給泰德。

「能不能問你一個問題？」他應聲後，我就開口，「我跟你說過沒空，而且我沒必要非得今天做，但你卻一直來煩我，你怎麼不去煩羅菈？怎麼不去傳訊息跟她說：『嗨，羅菈，蘇菲大部分的東西都還在箱子裡，如果我們今晚去她家，她還沒掛上妳的畫，希望妳不要找我或她的麻煩……好嗎？』」

「那種話我說不出口。」泰德回覆。

「為什麼不行？你可以說：『妳知道蘇菲很喜歡那幅畫，但她很忙，還沒時間拆箱，不要覺得她是針對妳而生氣，那樣很蠢。』你要是怕到說不出口，我可以講！」

「不要，拜託什麼都別講。」泰德緊張地說。

「好，我不說。可是請你以後別再對我情緒勒索，也不要再用她會生氣或失望來威脅我，最需要改變態度的人是蘿拉。也不要因為你不敢面對她，就逼我做不想做的事，如果你想解決問題，請把努力的方向放在那位不講理的人身上，換句話說，你要溝通的人是羅菈，不是我。你想放任她對你生氣，那是你的事，請不要把問題丟給我處理。」

「妳說的對，對不起。」多年來，他習慣道歉，而我也是他道歉清單的對象之一。

他語氣充滿懊悔，喃喃自語地說：「以後再也不會發生這種事。」我知道還是會發生，也確實發生了。泰德已在腦中深植羅菈會出現的所有反應，他永遠沒有起身反抗的能力，也不會建議她換個角度看事情。

「今晚跟他們的約會，好想取消。」我當時心裡這樣想。其實我可以取消，但我還是有點害怕羅菈，也知道她發起脾氣，是能毀掉我今晚和接下來幾天的心情……認識她這麼多年，很多次都是這樣鬧，使我面對她多少有點退縮。

後來，我又開了兩場會議才去搭火車、接小孩、回家、煮晚餐，準備好招待泰德和羅菈。在他們抵達前半小時，我隨便打開一個寫上「客廳」二字的箱子，一邊找還一邊討厭起自己，如果畫不在這個箱子，我絕對不會再拆別的……

「哦！畫在這裡，盯著我看。」還好前任屋主留了一些掛畫鉤在牆上，所以我直接把畫掛上去。當她和泰德抵達時，很滿意我掛的地方，當晚大家似乎都很開心（儘管我沒有）。

聚會結束後，泰德用嘴型不出聲地對我說「謝謝」，看到這一幕讓我好想大叫，因為這等於抹去他先前的道歉，如同在我臉上打了一巴掌。我對他聳了聳肩，像是說：「老兄，我不曉得你是什麼意思。」我掛畫不是因為他的關係，而是剛好打開第一個箱子時發現的，再加上我也不希望羅菈一整晚生悶氣，影響氣氛。但他現在的道謝，似乎認為之前試圖恐嚇我、逼我掛畫是正確的行為，因為我的確還是做了。如果他的道歉是真心誠意，怎麼不用嘴型說「對不起」或「妳沒必要做的」？

我對泰德記仇不是因為他請我做了一件浪費時間的事，如果換成是強迫我一起去為期三天的健行，我也會拒絕他而不會產生怨恨。究竟是什麼讓我在腦海裡標記這件事，並讓「乾草堆裡的畫作」仍然具有活躍感染力？這是因為在某些情況下，泰德就算知道我很難受，還是寧可對我施壓，也不願對那位完全不講理的自戀狂說，他不會幫她情緒勒索姐姐。

當他們離開後，我立刻從牆上取下畫，原先對畫的喜愛之情，不到二十四小時全都化為厭惡，後來只有在羅菈來時才會掛上。幾年後，羅菈離開了泰德，也離開了我的人生（雖然我很希望是泰德甩掉她，但事實並非如此），當知道羅菈永遠不會出現時，我直接把那幅畫捐給當地的慈善機構。

記仇事件④：乾草堆裡的畫作

1. 記仇對象（泰德）的意圖？
   a. 肯定或很可能是惡意
   b. 也許是惡意
   ⓒ不是惡意——他只是想幫大家避開麻煩（一分）
2. 對方知道自己惹你不開心、傷害到你或對你不公平嗎？
   a. 是，肯定知道
   b. 也許知道
   ⓒ完全不知道——等我說出來才知道（一分）
3. 事件發生的嚴重程度？
   a. 非常嚴重
   b. 相當嚴重
   ⓒ不太嚴重（一分）
4. 對方的行為或言論，對你造成的影響程度？

a. 非常糟糕

ⓑ相當糟糕——我的壓力從來沒那麼大。小孩當時年幼，我丈夫也很忙，泰德竟然聯合一個完全不講理的人對我施壓，這等於是向我宣告我的幸福在他眼裡不重要，也意味著「與其讓羅菈霸凌自己，不如霸凌蘇菲」，當我意識到這點後，對他的信任與依賴程度也永遠下降（二分）

c. 不太糟糕

5. 對方是否能更明事理，甚至做得更好？

a. 是

b. 或許

ⓒ否——泰德要更明事理，但因為怕羅菈生氣，所以事情處理得很差（一分）

6. 對方是否對你造成實質傷害？

a. 是

b. 或許

ⓒ否（一分）

7. 該怨恨的「怒吼」係數為何？

ⓐ很高——我雖然很愛泰德，但還是很想「怒吼」，因為他不只一次為了安撫羅

菈，委屈我配合（三分）

b. 中等

c. 很低

8. 你會記仇多久？

ⓐ 記仇很久——從二〇〇七年到現在（三分）

b. 記仇時間中等；或者說，記仇一小段時間，但不會是永遠

c. 記仇稍短，很可能下週就放下了

★得分統計：「乾草堆裡的畫作」怨恨目前拿到十三分。

9. 光是這起事件，足以讓你對這個人或這些人記仇？

ⓐ 是——不用扣分

b. 否，除非有其他事件

10. 假如你的記仇對象沒有做出引發怨恨的行為，你或對方會發生什麼壞事或可怕的事情嗎？

a. 否

ⓑ是——那幅畫若沒掛上，泰德擔心到我家後會發生可怕的事（扣一分）

11. 如果記仇對象全心全意道歉，該怨恨會不會一筆勾銷或終止？

a. 否

ⓑ是——自從羅菈離開泰德後，他就不再談戀愛，因為泰德認為有伴侶後會少了自由，甚至擔心重蹈覆轍，使自己再度陷入替伴侶的惡行找藉口、向別人施壓。泰德跟羅菈這段不平等的婚姻，讓他心生恐懼，我覺得他是真心後悔，也為他感到悲哀（扣一分）

12. 記仇對象是你心目中很重要的人，對方也這麼認為嗎？

ⓐ是，極為重要（四分）

b. 是，相當重要

c. 沒有特別重要，只是同為人類罷了

★分級結果：「乾草堆裡的畫作」怨恨最後獲得十五分，構成三克拉的怨恨。

第 5 章

國際巨星、奧斯卡獎得主……都懂記仇

「《聖經》要我們愛鄰人、愛敵人，很可能是因為兩者常常是同一群人。」

——切斯特頓（G. K. Chesterton），英國作家

我正在考慮寫這本書時，有位朋友問我：「你會不會覺得這個主題有點小眾？大部分的人可能不會像我們一樣，討論或思考內心的怨恨，也許書名不該放上記仇。」

「真的嗎？可是大家都說，書名要盡量呈現明確的主題，不放的話，就違背了這個原則，我寫的內容都是在講記仇的事。」

「對，但我在想大部分的人看到『記仇』二字，是否很難引起共鳴，因為他們或許不常用這個字眼，也不是他們日常詞彙的一部分。」

我不知道朋友說的話到底對不對，她希望的書名是《你死定了》（*You're Dead to Me*），不是《如何記仇》（*How to Hold a Grudge*），因為她認為前者通俗易懂，但我深知世上會記仇的人，並不是只有我一個人。

雖然大多數的人可能不會每天思考或討論怨恨，但不表示周遭沒有怨恨的蹤影。政治圈就是遍地怨恨，在討論哪位政治人物最有資格擔任英國首相時，戈登・布朗（Gordon Brown）對東尼・布萊爾（Tony Blair）*記仇；美國第三十九任總統吉米・卡特（Jimmy Carter）對美國麻薩諸塞州的前參議員泰德・甘迺迪（Ted Kennedy）記仇，因為卡特認為甘迺迪沒在他的任期內通過健保法案（health care）。另外，還有謠傳美國前總統柯林頓（Bill Clinton）與前國務卿希拉蕊（Hillary Clinton），夫妻倆有「支持我和反對我」的名單資料庫。

親愛的讀者，我不會建議你們在怨恨櫃裡放這些事，因為這並不會發人深省，怨恨櫃應裝載能讓人學習寶貴教訓的故事。加拿大歌手崔西．摩爾（Tracy Moore）在美國男性雜誌《*MEL*》發表的文章寫道：

心理學者表示，記仇的人就是在做「分裂」的事，意即世上的人只分好壞，沒有中間灰色地帶。如果你聽到某人說：「你不是支持我，就是反對我。」那麼他就是典型分裂者，很可能會記仇。

這種言行分裂是自戀型人格的表現，有可能導致你毫無來由懷著一些不忠誠型的怨恨，讓記仇對象也對你產生誤解忠誠型的怨恨。本書稍後會描述**廚房裡的吼叫**故事，巧妙呈現言行分裂者的危險行為。

---

* 兩位都是英國政治人物，戈登．布朗於二〇〇七年至二〇一〇年擔任英國首相及工黨領袖，一九九七年至二〇〇七年則在工黨擔任財政大臣；東尼．布萊爾在一九九四年至二〇〇七年任工黨領袖，一九九七年至二〇〇七年擔任英國首相。

歷史和當今流行的文化中，到處充滿怨恨，以下列舉一些案例：

兩位美國好萊塢巨星貝蒂．戴維斯（Bette Davis）和瓊．克勞馥（Joan Crawford）討厭彼此已是公開的祕密，雖然偶爾會出現一些小心眼的攻擊，但還是盡可能和睦工作。在《姊妹情仇》（*What Ever Happened to Baby Jane?*）的電影拍攝現場，戴維斯故意設置一台「可口可樂」販賣機，因為克勞馥的亡夫阿爾弗雷德．斯蒂爾（Alfred Nu Steele）是「百事可樂」的前總裁。在某場戲裡，因為戴維斯必須拖著躺在地上的克勞馥，克勞馥就在口袋裡裝滿石頭，盡量讓自己變重。

當得知戴維斯入圍奧斯卡獎時，沒在名單內的克勞馥便說服其他入圍者，讓自己能代表她們上台領獎。講述關於這兩人明爭暗鬥的美劇《宿敵》（*Feud*），演出了戴維斯對克勞馥去世的反應：「你永遠不該說死者的壞話，只能說好……瓊．克勞馥死了，很好。」

英國電影明星奧莉薇亞．德．哈維蘭（Olivia de Havilland），從小就對妹妹瓊．芳登（Joan Fontaine）記仇。一九四二年，姊妹倆同時獲得奧斯卡最佳女主角提名，最後芳登以《深閨疑雲》（*Suspicion*）拿下影后，無疑為兩人關係雪上加霜。芳登曾說：「奧莉薇亞老是說我樣樣拿第一，我第一個結婚，第一個拿到奧斯卡金像獎，第一個生小孩。如果我先死了，她會很氣，因為我又拿第一。」

印度裔英國作家薩爾曼・魯西迪（Salman Rushdie）和英國小說家約翰・勒卡雷（John le Carré）也有文學夙怨，這始於勒卡雷批評魯西迪的《魔鬼詩篇》（*The Satanic Verses*）*蔑視宗教價值觀。兩人的恩怨雖然持續多年，也沒有正式道歉，但他們都對彼此的作品表示肯定，所以算是解決了一些紛爭。

國際天后女神卡卡（Lady Gaga）的〈天生完美〉（*Born This Way*）採用的低音旋律，聽起來像是抄襲流行音樂天后瑪丹娜（Madonna）的〈表現自我〉（*Express Yourself*），因而惹火了瑪丹娜。在某次訪談裡，瑪丹娜表示：「那首新歌是簡化版……聽一下就知道。」隨後的巡迴演唱會，瑪丹娜還唱了這兩首歌的組曲，女神卡卡則在這議題上發表過一次意見，語氣輕蔑。儘管她們先前曾一起表演，瑪丹娜也聲稱兩人沒有不合，只是媒體誇大報導，但之後再也沒有同台。

英國藝術家史都華・桑普（Stuart Semple）心懷的怨恨最精采，也許是本書裡我最愛的故事！他的記仇對象是同為藝術家的安尼施・卡普爾（Anish Kapoor）。二〇一六年，英國薩里奈米系統公司（Surrey Nano Systems）研發出有史以來最黑的黑色顏料**，

---

* 《魔鬼詩篇》裡，引起許多穆斯林抗議書中內容褻瀆了伊斯蘭教先知穆罕默德。

** 該顏料為奈米碳管黑體（Vertically Aligned NanoTube Arrays），原是作為軍事用途，能吸收九九・九六五％可見光。

卡普爾與該公司申請獨家使用權，不准其他藝術家使用。桑普感到不滿，研發出最粉紅的粉紅顏料「PINK」，在自家網站販售給全球各地的人，唯獨卡普爾與相關人士被排除在外。若要購買桑普的顏料，就得先證明你跟卡普爾毫無關係。

綠洲（Oasis）搖滾樂團主唱諾爾・蓋勒格（Noel Gallagher）對弟弟連恩（Liam）記仇，因為連恩十五歲的時候，在諾爾新買的立體音響上撒尿。兄弟倆組成綠洲樂團，然後拆夥，再也不跟對方講話。二〇一七年十二月，據說兩人和解，連恩在推特上寫道：「我們又沒事了。」

美國女演員黛比・雷諾茲（Debbie Reynolds）對同為明星的伊莉莎白・泰勒（Elizabeth Taylor）懷著長年怨恨。雷諾茲的先生艾迪・費雪（Eddie Fisher）與泰勒暗通款曲，最後不僅跟她離婚，還與泰勒結婚。儘管雷諾茲聲稱自己沒記仇，但在泰勒的葬禮上，忍不住諷刺：「伊莉莎白的美麗和性感，沒人比得上。女人喜歡她，男人愛慕她，我老公也名列其中。」

一九三五年的電影《禮帽》（*Top Hat*），知名舞王舞后佛雷・亞斯坦（Fred Astaire）和金潔・羅傑斯（Ginger Rogers）在拍攝現場吵了起來。當時羅傑斯隨著〈臉貼臉〉（*Cheek to Cheek*）的音樂起舞，洋裝上的駝鳥羽毛突然脫落紛飛，現場一團亂，亞斯坦因此發了脾氣，還諷刺羅傑斯為「羽毛」。雖然他們還是繼續在多部電影裡扮演情侶，但據說兩人在後台幾乎沒有交流。

美國流行天后泰勒絲（Taylor Swift）經常以歌曲表達內心怨恨並公諸於世，其中有個很不錯的例子就是〈勢不兩立〉（*Bad Blood*）的MV，泰勒絲跟一位貌似歌手凱蒂・佩芮（Katy Perry）的女人打鬥。據傳泰勒絲的記仇源頭，是二〇一三年佩芮搶走泰勒絲「紅色巡迴演唱會」（The Red Tour）的三位伴舞。

諾貝爾文學獎英國作家奈波爾（V.S. Naipaul）與美國旅行作家保羅・索魯（Paul Theroux）是多年好友，索魯將自己親筆題詞的個人著作送給奈波爾，沒想到奈波爾竟然出售這本作品，讓索魯認為奈波爾根本不重視兩人的友誼。

二〇一四年，英國市調公司YouGov的一份民調顯示，百分之十三的美國人還是對英國反感，原因是「英國試圖阻擋美國獨立」，但這已是一七七六年的事了。

英國作家瑪麗・雪萊（Mary Shelley）第一部小說作品《科學怪人》（*Frankenstein*）中，科學怪人對生物學家弗蘭肯斯坦博士記仇，這是因為博士害他復活*。

---

* 科學怪人復活後，因為醜陋畸零的外貌，讓他不被人類接納，因而感到孤單、無助與痛苦。

英國文學史上勃朗特三姊妹之一的艾蜜莉．勃朗特（Emily Bronte），出版一生僅有的一部經典文學小說《咆哮山莊》（*Wuthering Heights*），書中角色的記仇緣由，除了多與童年的恩怨有關外，也涉及到英格蘭北部約克郡的財產。

英國推理小說家阿嘉莎．克莉絲蒂（Agatha Christie）的《破鏡謀殺案》（*The Mirror Crack'd from Side to Side*）是史上以怨恨為主題的犯罪小說大作，謀殺動機有趣且不尋常，角色記仇法更具說服力且獨特（再講下去恐怕要爆雷了）；她的另一部傑作《東方快車謀殺案》（*Murder on the Orient Express*），也是以怨恨為主題的偵探小說。

講述怨恨的歌曲也有成千上萬首，我沒有仔細估算，但一定有到這個數量，因為我隨便看一下手機裡超過百首的歌曲，將近一半是描述怨恨的歌詞。即便是鄉村音樂，有些也是以怨恨為主，歌名也令人印象深刻，例如：〈上帝或許會原諒你（但我不會）〉（*God May Forgive you [But I Won't]*），〈願你永不幸福（能給你幸福的只有我）〉（*I Hope you're Never Happy [With Anybody But Me]*）。在搖滾與流行音樂上，則有艾拉妮絲．莫莉塞特（Alanis Morrisette）的〈你要知道〉（*You Oughta Know*）、美國歌手阿蒙（Eamon）的〈去你的（謝謝再連絡）〉（*Fuck It [I Don't Want You Back]*）。

還有許多電影也如同歌曲一樣充滿怨恨劇情，例如：《恐怖角》（*Cape Fear*）、

《神鬼戰士》（*Gladiator*）、《殺無赦》（*Unforgiven*）、《暴力正義》（*Straw Dogs*）、《魔女嘉莉》（*Carrie*）、《大白鯊4：驚海尋仇》（*Jaws: The Revenge*）、《荒野浪子》（*High Plains Drifter*）等。我也寫了很多首關於怨恨的詩，從古羅馬的卡圖盧斯（Catullus）到今日的詩人也是如此。以下是我特別喜愛的當代怨恨詩，是英格蘭詩人尼克·歐伯利（Nic Aubury）的作品：

〈敬請回覆〉

你應該是喜歡我，才會請我，
買給你一台咖啡機，
或一些瓷器，或一張陽台椅，
或 Villeroy & Boch* 瓷偶；
喜歡才會請我買一只 Waterford** 花瓶，

* 德國陶瓷製造商。
** 英國水晶品牌。

或一整套白色棉質寢具。
但喜歡的程度不太夠，才會請我，
出席見證你整場婚禮。

怨恨也會出現在一些我們意想不到的地方。前陣子，美國某家地方報紙刊登一則訃聞，結尾寫著：「吉娜和傑伊不會緬懷她，因為他們知道世上少了她會更好。」

搞怪諷刺的《心理牙線》雜誌網站（mentalfloss.com）裡，有篇文章揭露烏鴉和渡鴉會記仇的內容。根據瑞典隆德大學（Lund University）、奧地利維也納大學（Universität Wien）的研究顯示，渡鴉會從牠們跟人類的互動中，區分出「公平」和「不公平」的行為，並且對「作弊者」記仇好幾個星期。或許應該說，渡鴉很聰明。

二〇一八年六月二十一日，英國《衛報》（*Guardian*）網站刊登一篇文章，標題為「惡意建物：人類以建築表達怨恨」（Spit Building: When Human Grudges Get Architectural），包括：故意建造摩天大樓讓記仇對象看不到自己蓋的教堂；為了擋住某人海景，遮住他人陽光而建造的房子；為了避免吵鬧的馬車駛過小巷子，蓋了一間瘦長建築物堵住小巷通道。

在心靈成長的領域裡，常會提及原諒與正面思考，但似乎不受歡迎。因為各大網站的討論平台上，通常看到的是「我要把外牆漆成紅色和白色，擾亂鄰居的思緒」，而不是「我原諒你，我們一起攜手走向和平的未來」。

由此可見，世界各地布滿怨恨，光是叫人「不要記仇」是沒用的，這就好比走進海裡還說：「來吧！但不要弄溼自己。」因此傳授記仇之道，有迫切的必要性。

根據記仇之道（見第七章）的說法：「有時我們會覺得自己好像在建造惡意的豪宅，但怎麼不是畫一間看起來很漂亮、能讓你開心起來，甚至也不會傷人的房子呢？」

接下來，我要講述四克拉怨恨的故事，先警告有點催淚喔！

記仇事件⑤

珍貴的心形相框：設想最壞情況型

我有樣東西非常珍惜，是女兒出生那天拍的相片，放在小巧的心形相框裡。在舊家時，放在書房，擺在一起的還有同樣寶貴、兒子出生當天的相片（多年後，我們搬到另一個地方，新家除了這兩張，還擺了第三張，是我們養的威爾斯㹴*，名叫布魯斯特，那是牠小時候的相片）。

這三張對我來說，意義重大，就算來訪的客人看到心想「哦！天啊！她把狗相片放在兩個小孩的旁邊，簡直把寵物當人一樣」，我也不在意。至於其他全家福照片，我都放在餐廳的層架上。我最鍾愛的仍是這兩張孩子的小相片，所以我放在書房，以便工作時能隨時看見他們。

我們的新家很大，分為主屋與偏屋，相較於舊家一般小而方正的房子，這裡雖然空間寬敞，但擺放的物品卻無法一眼望盡，甚至很容易不見。前陣子我剛裝潢好新家書房，好友海瑟找了一天過來參觀，喜歡帶人賞屋的四歲女兒，帶著海瑟來到她不常去的書房（女兒通常在主屋的臥室與遊戲間玩耍，但我的書房位在偏屋）。

當女兒進入書房，第一個留意到的，就是裝在金色心形相框裡的嬰兒照片。她得意地說：「媽咪，那是我的相片！」海瑟則在一旁對著黃色絲質窗簾和條紋地毯，發出「哦」、「啊」的讚嘆聲。

我對女兒說，那是她的第一張相片。女兒的表情看起來很感動，也有點驚訝。海瑟走過來，一同稱讚這個心形相框的照片。突然，女兒帶著期盼的語氣問道：「我想要，可不可以給我？」

自從搬到新家後，兩個小孩已經把最愛的二十個玩具放錯地方，我也不是唯一一個在角落、縫隙、意想不到的櫃子中，找到玩具的人。這兩個孩子還沒滿五歲，大腦也還沒發展出「回憶」的本領，許多玩具經常不見，有些可能會再出現，有些則從此消失。

我很清楚要是把照片給了女兒，她很可能會帶著相框到處走、分心，接著塞在某處踢腳板的縫隙裡，忘得一乾二淨，我就再也看不到。儘管女兒還有很多相片，但這張對我意義重大、無可取代。

我蹲下來跟她說：「寶貝，這張相片不能給妳，因為這是我的最愛，我不想冒險它有不見的可能。妳還有別張相片也裝在漂亮的相框裡，那可以給妳，我們去選一張好嗎？」女兒的臉垮了下來，開始哭起來。「可是我想要出生的第一張相片，為什麼不能給我？我想要！」

海瑟發出嘖嘖聲，我抬頭一看，竟發現她一臉厭惡地瞪著我。她搖了搖頭，好像目睹了殘忍可怕的一幕，她再度發出咂嘴的聲音說道：「拜託！給她就好了。」實際上，

---

* 威爾斯㹴（Welsh Terrier）是一種源自英國的狗品種。

根本不關她的事，她也不該干涉我們母女間的討論。

「對，給我就好了！」女兒應聲附和，語帶期盼。

我對海瑟說：「我真的不希望相片不見。如果讓她帶著相片到處走，很可能再也看不到，這張相片對我來說，真的很重要，」我再轉頭對女兒說，「啊！我想到一張妳會更喜歡的相片，是妳出生那天和爸爸一起拍的。」

女兒一聽，立刻開心起來，但海瑟還是不高興：「蘇菲，妳很小氣，她真正想要的是這張相片，妳為什麼不給她？」

「我跟妳說過原因了，因為我怕她弄丟，我不希望相片不見。」

海瑟再次反感地噘起嘴巴，搖了搖頭，彷彿想表達：「這輩子我見過一些冷酷無情的教養方式，這次真的打破了所有母親的紀錄。」無論是當時還是現在的我，想到這件事仍舊訝異，身為好友的她，竟把我想珍藏女兒相片的事，看做是小氣，甚至我解釋了三遍，還是誤解我。

這讓我想到數週前，我曾向海瑟提到跟教養有關的事，她也是頗有微詞。當時，我對海瑟和另一位朋友說，前陣子有位六十多歲的婦人來我家住，她看到我向小孩解釋，大人在聊天時，小孩子不應該插嘴的說法，感到印象深刻。

海瑟立刻冷笑，挑釁說：「是啊！她一定印象深刻，因為妳對小孩說閉上該死的嘴巴，這樣妳就可以跟她聊天了，她那一代就是這樣教小孩的，小孩子有耳無嘴。」當時她說「閉上該死的嘴巴」，帶著真實的惡意，她明明知道我是跟孩子說，如果我們的客人是大人的話，應該讓大人先講話，不要插嘴，除非是有重要的事。

除了前述這些事，海瑟對我教養小孩的方式，表達出厭惡、大吼或輕蔑的情況，不勝枚舉，但心形相框的事件對我傷害最大，也最讓我難以理解。

記仇事件⑤：珍貴的心形相框

1. 記仇對象（海瑟）的意圖？

a. 肯定或很可能是惡意

ⓑ 也許是惡意——我其實也不太肯定，或許海瑟真的認為我很小氣，但我不是……她的行為彷彿是想打擊我做為母親的信心，才會一直數落我（二分）

c. 不是惡意

2. 對方知道自己惹你不開心、傷害到你或對你不公平嗎？

a. 是，肯定知道

ⓑ 也許知道——見前文（二分）

c. 完全不知道

3. 事件發生的嚴重程度？

a. 非常嚴重

b. 相當嚴重

ⓒ 不太嚴重（一分）

4. 對方的行為或言論，對你造成的影響程度？

a. 非常糟糕

b. 相當糟糕

ⓒ不太糟糕——當衝擊消失後，我意識到海瑟不能信任，她也不會真心為我著想，所以往後跟她相處，我會採取防範措施，避免情緒受到影響（一分）

5. 對方是否能更明事理，甚至做得更好？

ⓐ是（三分）

b. 或許

c. 否

6. 對方是否對你造成實質傷害？

a. 是

b. 或許

ⓒ否（一分）

7. 該怨恨的「怒吼」係數為何？

a. 很高

ⓑ中等——很傷心，但不會是最高的怒吼係數，是中等又悲傷的怒吼（二分）

c. 很低

8. 你會記仇多久？

ⓐ記仇很久——從二〇〇六年到現在（三分）

b. 記仇時間中等；或者說，記仇一小段時間，但不會是永遠。

c. 記仇稍短，很可能下週就放下了。

★得分統計：「珍貴的心形相框」怨恨目前拿到十五分。

9. 光是這起事件，足以讓你對這個人或這些人記仇？

ⓐ是——不用扣分

b. 否，除非有其他事件

10. 假如你的記仇對象沒有做出引發怨恨的行為，你或對方會發生什麼壞事或可怕的事情嗎？

ⓐ否——不用扣分

b. 是

11. 如果記仇對象全心全意道歉，該怨恨會不會一筆勾銷或終止？

a. 否

ⓑ 是——只要她能為侮辱我的母職能力而道歉（扣一分）

12. 記仇對象是你心目中很重要的人，對方也這麼認為嗎？

a. 是，極為重要

ⓑ 是，相當重要——她雖然是好友，但在我們十幾歲時，她有段時間對我很惡劣，在發生這件事前，我就有點提防她了（二分）

c. 沒有特別重要，只是同為人類罷了

★分級結果：「珍貴的心形相框」怨恨最後是十六分，構成四克拉的怨恨。

第 6 章

為什麼有人會記仇，有人卻不會？

「憤怒一餵養就消亡……，憤怒一挨餓就壯大。」

——艾蜜莉．狄金生（Emily Dickinson），美國詩人

上一章已向你充分證明，怨恨存在於周遭，包括：電影、烏鴉、政治史、文化史、音樂、建築風格……在我看來，**人類受到傷害或錯待時的記仇渴望，是人性當中不可分割的一環**。

那麼，像我先生這種不會記仇的人呢？或者試圖記仇卻不自覺把怨恨丟在某處的人呢？以我先生為例，他絕對不是一位能包容、澈底接納生命賜予一切的人。他熱情又有主見，也會對某些事生氣抱怨，若有人踩到底線但我還在思索怎麼應對時，他常常會說「只需要叫他們滾開」，之後就忘得一乾二淨。由此可知，他的怨恨櫃看起來一定很空，故事肯定比我還少。

大家都知道他會開口罵人（請注意，只有非常該罵的人），但我是有人拿鐵鎚敲我還面不改色，態度有禮。不過說也奇怪，我們兩個人當中，我才是記仇冠軍。如果我請我先生去找他的怨恨櫃，很可能必須由我指引才能找到（這裡假設怨恨櫃是真實櫃子），甚至還要想一下裡頭裝了些什麼，「哦對……這個！」邊說邊把每個怨恨拉出來看看。換作是我，就算蒙住眼睛，裹著塑膠袋，怨恨櫃被藏在英國東南部伊斯特本鎮（Eastbourne）的某個灌木叢裡，我也能在短短三秒鐘僅憑嗅覺就能找到。

現在來到了最重要的問題：什麼原因導致你會記仇或不容易記仇？請針對以下提

問，進行自我檢視：

檢視自己是不是愛記仇

當你身上發生了一件有趣或奇特的事時，你有多渴望向他人分享？我是一個沉迷於說跟聽故事的人，所以我最常講的是：「哦！每個細節都跟我說！」但我先生則跟我相反，永遠不會請對方說每件事的「細節」，他總是說：「跟我講重點就好。」也就是「話越少越好」。

每當冗長的故事接近尾聲時，我會因為想了解一些細節，提出超過二十個以上的問題。當代知名心靈大師艾克哈特．托勒在《當下的力量》指出，若不能鉅細靡遺地對自己訴說完整故事，包含「誰對誰很惡劣」的重要成分就不可能記仇。因此，我先生記住的故事總是比我少，偶爾提起多年前的往事，他常回我：「哦！對！我完全忘了。」他會記起來，純粹只是我的提醒，否則他根本是怨恨絕緣體。現在想想，我已經不確定哪些事情該歸類成他的怨恨，還是本來就劃分在我這裡，畢竟一直是我替他保存。

這是我們經常出現的對話：

我：下週要去艾希特工作，我會住旅館。

他：怎麼不住麥可和琳達家？

我：你是認真的嗎？

他：是啊！為什麼不去？可以省錢。

我：你還記得門口倒立事件嗎？

他：哦！對！……（一臉詫異和不可置信，臉部開始扭曲起來）麥可直接闖進妳房間，開燈吵醒妳，沒錯吧？

我：沒錯。

他：還有……他在找狗，但狗根本沒有不見？就在隔壁房間？

我：沒錯。

他：該死，我忘了。

我：我知道，可是我沒忘。

他：真的發生這種事？

我：對。

他：哦！對，那絕對要住旅館。

我們記住的每一個怨恨都是對自己訴說的故事，將這些故事安全存放在自己的怨恨故事集裡。或許有一天，我們會再次從回憶裡提取這些故事並告訴他人。像我一樣喜愛故事、記住故事，並靠故事維生的人，會比那些生活在「當下」而不受「過去的那時」或「未來的彼時」所影響的人，更有可能記仇。

對比會記仇與不會記仇的日常

我先生一路以來都是「當下先生」，為了說明這句話的意思，在此分別列出我們的日程做對比。

愛記仇的人享受現在，也想著過去與未來

劍橋大學露西卡文迪許學院（Lucy Cavendish College），提供了舒適的書房讓我撰寫本書，裡面不僅擺放美麗的家具與藝品，從彩繪玻璃窗一眼望出去，還有漂亮的造景庭園與樹木，讓我度過美好的一天。

我打開窗戶，陽光傾洩而入，室內依舊涼爽宜人，我一邊回憶過去發生在自己身上的怨恨，設想著未來，一邊寫進書裡。因為書稿再過一週就要交，這本書必須趕在二〇一八年十一月在英國出版，二〇一九年一月在美國出版。

雖然那時正在埋頭趕書，但我享受美好的環境，也想著過去與未來，此刻就如同完美的窗簾，外層是精緻美麗的布料（現在），同時有兩層內襯（過去與未來）的加強。

不記仇的人一天的行程

我先生坐在家裡的房間，雙腳放在沙發上，身旁擺著一杯咖啡與週末報紙，打開電視，拿著手機，正在享受放鬆的時刻。

我早上出門前，他對我說，今天不安排任何事，打算休息一整天。但他的全新藝展下週五開幕，在這之前，他必須將工作室布置成畫廊，掛好全數畫作，版畫放到架上，粗估約需六小時來整理。但他不想利用今天空閒的六小時，為什麼？因為他腦海裡，根本沒考慮到下週五前要完成的工作。

他還沒想到一些自己的額外行程：

明早我要出發到約克郡看家人，週三回來，還要帶兒子看牙醫，回到家時，大概是下午四點，我可能累到不想整理畫廊。週四因為孩子學期結束，晚上要跟朋友一起吃飯也沒空……蘇菲因為趕著週五交記仇書稿，正全力寫書也無法幫我。所以今天不去掛畫，就沒有其他時間。

這個例子顯示，我先生腦海曾閃過的這些想法，沒有轉化成能對未來做出最好結果的選擇。他或許曾經有以下念頭，如今卻不覺得重要：

記得蘇菲曾跟我討論，什麼時候是整理畫廊的最佳時間？我們一致認為是六月三十日週六，我還回她：「好，週六最先做這件事。」既然是今天，我會做的。

他從頭到尾都沒想過今天的休息，可能會影響週五藝展的開幕，我也不擔心，就跟隨他開悟的步伐吧！艾克哈特·托勒若見到我先生，肯定會邀他一起巡迴，因為他是活在當下的完美例子。希望你能從這兩段故事中，體會到我先生不會記仇的原因。

你會化悲傷為力量，還是避免想不開心的事？

我出版的第二本犯罪小說《傷害的距離》（*Hurting Distance*），描繪若干令人不安的暴力行為。在某次小說宣傳的活動結束後，一位女性向我走來，氣得說：「為什麼妳要寫這麼可怕的內容？」

她告訴我不喜歡這本書，只想看沒有痛苦事件的小說。我回她：「我跟妳相反，因為痛苦的事情確實會發生在這世上，也確實會發生在我身上，所以我必須寫出這則故事，儘管這名角色會面臨痛苦的經歷，但同時也會讓他變得堅強。」

「這很傻，不要寫這些，寫點快樂的事。」

如果這時你的想法跟我相近，那你更容易記仇。這位女性是屬於憤怒或難受的事件一旦過去，便會試著遺忘，避免想到不愉快事件的類型。她雖然不斷重申有多不喜歡我的書，但還是給了我一個擁抱：「就算我討厭妳的書，但我還是很喜歡妳。」由此可見，即便我的書惹惱她，她也沒有懷恨在心，無論是現實人生還是小說，她只是希望有段幸福的結局。

你是嚴謹的人，還是大而化之的人？

相較於大而化之，一絲不苟的人比較會保存收藏品，包括怨恨在內。

我有一位朋友妮琪，心不在焉很嚴重，過去幾年來，她丟了一堆錢包、信用卡、睡袋、衣物。每當我們要從旅館退房，她只要說：「我打包好了，可以走了。」我總會說：「我先檢查一下妳的房間。」因為我們知道她老是忘東忘西，所以總會在衣櫃、抽屜或床底下，發現她的衣物。如果我想賣衣服的話，應該已經多到可以開一家服飾店。

妮琪遺忘內心的怨恨，也常像弄丟東西一樣，她會跟曾經傷害她的朋友、親戚、熟人聯絡，然後再一次受傷。「她自私又討厭！」雖然經常含淚抱怨，但她已經忘了這種事起碼發生過五次。

你認為記仇是對，還是錯？

前文已討論過很多人認為，記仇是小氣又小心眼的行徑，會努力放下，的確有些人也成功了。反之，我們家把記仇看成是日常生活中，很自然的一部分，像女兒不會覺得收藏怨恨不好，不久前她還對我說：「媽，我對米莉好，是想在學校好好相處，但她是大股溝（massive bum-crack），我永遠也忘不了。」（「大股溝」是我女兒自創的罵人話，我以她為榮。）

這個怨恨對女兒來說，有如高效防護罩。只要米莉當天不順心就會遷怒女兒好幾個小時，女兒已達到不動如山的境界，完全不讓自己受到影響。走進家門時，還會開心地說：「米莉今天很壞，大股溝。」然後，繼續享受晚上的美好時光。

她的怨恨有如一張擱在心裡的書籤，對她說：「記住，米莉就是會這樣，不要期望情況會改善。妳對她記仇，證實了米莉的行為不對，唯一的解決辦法就是妳們不再讀同一間學校，然後就能避開她。」

因此，每當米莉出現討人厭的行為，女兒既不會驚訝也不會煩躁，因為她不會「把腦海裡的小黑板擦乾淨」，乾淨的小黑板有可能一而再、再而三地被差勁的人弄髒，但誰想一直白費力氣去擦，應該要把那塊髒黑板裱框，放進怨恨櫃才是！

身為母親，若能將這句座右銘：把髒黑板裱框，放進怨恨櫃裡。提醒孩子謹記在心，這世界就會更加美好。我也相信，往後會有更多人像我女兒一樣，以內心良好的怨恨為榮。

你擅長表達內心的感受嗎？

還記得卡蘿吧？之前提過蕾貝卡生日晚餐「被毀掉」的故事（在第三章的「無故攻擊型」怨恨）。卡蘿對蕾貝卡說，她瘋了，還叫她滾開，之後蕾貝卡向她道歉，卡蘿也原諒她。

這類型的人很容易公開表達憤怒與消極行為，覺得沒必要記仇。但我們這類型的人，因為不擅長公開訴說自己的負面情緒，便會在心裡滋長怨恨，**記仇就成為我們表達立場的一種方式**。

各位，以下是我的自白：我四十七歲，從來沒主動公開生氣，頂多會說：「還記得嗎？你做了某某事的時候，我是說提起這件事，不好意思，也許是我耍笨吧，但你以後能不能……」就算心裡氣得火冒三丈，還是會委婉表達。

我到底是笨得壓抑自己，還是值得稱讚的圓滑體貼呢？當有人給了你記仇的理由，什麼才是最好的回應？第十一章會探討到這項重要主題：如何成為負責的記仇者。

言歸正傳，觀察自己在某些情況下，是否會生氣大喊：「不要惹我，你這惡霸！」如果當你認為這麼做已經是伸張正義，你可能會不需要記仇、我、本書（不過，你可能還是有興趣了解其他記仇的人是怎麼生活的。在我看來，你也許該減少怒吼咒罵，多點開悟記仇，才能獲得更平靜的人生，請見第十一章）。

如果你是一個優先考慮不惹惱他人，時常做出違背內心想法的濫好人，一定無法自在怒吼：「不要惹我，你這惡霸！」也不會用溫和語氣喃喃地說：「不好意思，但我覺得你有點不講理。」對濫好人來說，以下的話會比較自在：「哦，當然，我很樂意照你說的做。」然後對此記仇，理由很明顯，只要對方看不出我們心裡的祕密，無聲的記仇就能確保安全。

《人生教練學校》主持人布魯克．卡斯提歐稱濫好人為「騙子」，我第一次聽到時，大鬆了一口氣，也好想歡呼。為什麼？因為我以前正好是這種騙子。大約在三十八歲以前，我常在害怕的人面前說出對方想聽的話，卻又偷偷過著雙面人的生活，當時我毫不在乎自己的安全與幸福，直到遇見難以說謊的情況後（請見後文怨恨故事：廚房裡的吼叫），我才改變。

我自認冰雪聰明，也吸收夠多勵志書的觀念，例如「你何時才要挺直腰桿，起身對抗那名壓迫人的討厭鬼？」，想到自己可能會再度遞出降書以求和睦，就覺得厭倦不已，於是起身反抗。我盡量以委婉的機靈態度，對著全世界我最害怕的人說：「我不贊同你的看法。」

對方因為我的反對而感到氣憤，試圖情緒勒索，但我還是堅定立場，因為我確信自己在做正確的事。但不是所有人都贊同我，我全世界最怕的人，不管其他人怕不怕他，全都質疑批評我的新舉動，儘管我只是說實話、表達真實感受。其中一人甚至還說：

「我真不明白，妳那些療法和心靈勵志書，到底是為妳帶來傷害，還是好處。」

雖然我堅持己見，腦袋裡還是會出現一些聲音：「如果你就是背信棄義又堅持反對的人呢？如果你是否認事實、扭曲歷史、助紂為虐的人呢？」（當我最害怕的人把某件事看得很重要，我還公開反對他時，很可能會對我產生前述想法。）

當布魯克·卡斯提歐一再說濫好人是騙子時，讓我覺得試著說實話是對的，即使某些人聽了會不自在，還是應該這麼做。根據卡斯提歐的看法，當你說出對方想聽的話時，即使對方喜歡並贊同你，卻不是真正的你，這也代表對方的肯定毫無價值，因為這是建立在謊言之上。

我很贊同卡斯提歐的理論，即使害怕也會努力婉轉地說出真實想法。不過，我的心裡其實是這樣想的，如果你會因為害怕而說不出真實感受，那麼你更有可能獲得大量怨恨，其中那些未經處理的怨恨，可能隱藏著不滿與傷害。第八章會提到如何消除會傷害記仇者的負面情感，只留下值得保留、啟發人心的有益怨恨。

你是鋼鐵心，還是玻璃心？

有人很幸運，擁有保護自己身心、免受負面情緒干擾而能與他人共處的能力。不過，仍有許多人認為自己常被冒犯、霸凌、控制、強迫與被其他不愉快的事影響，屬於後者的我們，會記下更多的怨恨。如果說怨恨有保護作用（我也深信），那麼我們顯然需要更多保護。

美國佛羅里達州心理學家東尼・費雷提（Tony Ferretti）在《*MEL*》雜誌的報導中表示：「有時，我們記仇是因為缺乏自信和解決衝突的能力，無法有效處理負面情緒，所以會選擇發脾氣或不理人而不敢溝通。」

想要避開他人對你的傷害，必須先累積更多的保護力，有鑑於此，記仇的確有用。**因為記仇能提醒自己：雖然可能會感到無力，但是不可以接受別人的惡劣對待**。我說過，對於他人一直帶給我的惱怒感到無能為力，直到三十八歲才開始轉變。首先要做的就是說實話，而不是討好自己害怕的人。如今，我不再感到無力，因為我會以不同的方式和理由記仇，這點在第八章與第十一章會有詳盡介紹。

你有被霸凌、強迫過嗎？

若曾經遭受霸凌、暴力或壓迫，就會更害怕再度陷入這種處境。我先生經常開玩笑說我有這種傾向：「妳從澳洲巡迴簽書會回來後的第三天，就要到美國進行簽書會，妳確定自己想這樣嗎？」

我會大聲反擊：「我知道自己想怎麼做好嗎！我是自由人，想做什麼就會做，不要試圖控制、強迫我！」一講完，我們馬上笑出來，因為這其實與他說的話無關，純粹是我之前的陰影造成。

如果我對他說：「你想做X或Y，確定嗎？」他永遠不會失控大罵，因為他從來沒被控制狂強迫，或許這輩子也不會有這種經歷。一旦過去被某人以某種方式施加暴行或傷害，那麼只要碰到類似情況就會聯想到當初不開心的情景，怨恨也就容易形成。

被冒犯時，你能明確知道自己當下的感受嗎？

上次去檢查眼睛時，驗光師說我是理想的視力檢查者：「妳的回答很明確，好像一直都知道正確答案。」

「那是因為你問的是我的眼睛，我當然知道最底下的那行字母看不看得清楚。」

「你要是知道有多少人不懂我說的意思，肯定會很訝異，我許多客戶常說：『你說清楚一點，是什麼意思？』『清楚？等一下，不對，我不確定。』」

當發生傷害或激怒自己的事件時，有人會立刻知道這是不對，意識到自己是受害者。有人會立刻懷疑自己是否有權感受內心的創傷，不確定自己的記憶與印象是否準確，還會認為對方不是有意傷害人。一旦我們能看清楚故事真貌，確信對方是惡劣行徑，比起那些自我懷疑的人，我們更容易記住記仇對象應該遭受譴責的程度，還有該事件的細節。

你容易改變自己的立場嗎？

對於自己人生中某些不變的事實，有些人會一天一種感受。我的朋友露西就是這種人，她很可能今天會說：「我爸不太差啦！他盡全力才是最重要。」幾天後，她可能會改口：「從現在開始，我不管他了，他根本誰都不在乎，只在乎他自己。」

她絲毫不管自己的想法是否前後一致，某天覺得爸爸好，某天又覺得爸爸壞，只要自己開心就好。若是像她一樣喜怒無常，不能算是記仇，因為記仇是要針對事件與人物下一個結論，然後堅持到底。

你信任自己的判斷嗎？

當遭受錯待時，你有多確定自己不是錯的那一方？我記得十幾歲時，每次發生事情總習慣把錯歸咎自己，所以經常道歉、體諒他人、改變自己，避免因反抗而引起的反感；但也因為試圖欺騙自己，導致我多次心生反抗：「不對，這是你的錯，我討厭你！」

我不記得究竟到了多大歲數，才決定要經常且半永久地信任自己的判斷。在此我要很高興地說，**一旦對自己有信任就會更擅長記仇**。當我信任自己多年後，才勇敢地讓全世界看見我的判斷。總之，信任自己是最重要的一步。

你是容易原諒別人的濫好人嗎？

這很不合常理，雖然我有「天生受氣包」的強烈特質，但也是個快樂、積極、重感情、關愛他人的人。對於嚴重傷害我的人，我時常想：「也許我應該拋下對他們的怨恨，再次信任他們、愛他們？或許這樣做沒關係，也很安全？」其實，有關係且不安全。像我這種天真傻瓜，比起那些不會再關心曾經傷害自己的人，永遠不再給對方第二次、第三次、第四次機會的人來說，我們這類型的人肯定更需要透過記仇來保護自己。怪不得我是專心一致又精通熟練的記仇者，原因如下：

我喜愛故事，也喜歡說故事；我傾向將負面經驗化為「悲觀力量」；我認為自己記仇並沒有錯；相反地，我很清楚記仇是有益的；我一絲不苟又個性嚴謹；我向來對自己的人生感到無能為力；我覺得自己很難公開表達負面感受；我曾經處於受壓迫的狀態，常被施暴霸凌；我確信自己版本的故事正確無誤；我信任自己的判斷；我很沉穩，不容易改變；我本能上會原諒並關愛信任每個人，但也知道這會讓我陷入險境。

前述可能符合你的情況，但也有可能跟我不一樣，如果是後者，代表你的記仇傾向或許跟我不同，這也無妨，重要的是不要因為現在的樣子而怪罪自己，即便決定改變行為和信念，只要是自己想做的就好。

像我就不想成為濫好人，想擁有更自主的力量，我的確也做到了，也不會怪罪自己曾經當了怕東怕西的濫好人（騙子）三十八年。至於在我還沒掌握情緒、轉變心態之前所經歷的負面感受，要負起全責的是我人生中碰到的那些可怕之人。

現在，我有一大顆五克拉的怨恨要跟你分享，這是自我怨恨型，力量極為強大。

記仇事件⑥

安妮之家：自我怨恨型

我、我男友（後來成為我先生）、朋友伊旺和寶拉，我們四個人習慣一起度假，過去幾年曾一起出遊多次，因而形成幾項「常規與慣例」，其中一項就是不會分頭出遊，每天每晚都是一起行動。

也絕對不會有人說：「你們去看壁畫，我今天想爬山，晚上我們再會合吃晚餐。」在伊旺和寶拉眼裡，這類發言很不合群，伊旺會認為我和男友不想和他們一起行動，會感到特別受傷。

有一年，我們去荷蘭的阿姆斯特丹（Amsterdam）度假，有志一同地想參觀當地畫廊，也想外出享用美味餐點。但伊旺和寶拉，也很想去安妮之家*。

我那時從未規畫過旅遊行程，經驗值是零。一直以來，都是聽從爸媽的計畫，一起跟著度假，後來則是依循伊旺和寶拉，或男友的母親與繼父一起出遊。雖然我已經年滿

---

* 是一間紀念猶太人女孩安妮．弗蘭克（Anne Frank）的博物館，也是納粹黨統治時期，安妮一家人的躲藏處。

十八歲，法律上是成年人，卻從沒想過自己也有權利安排假期。

跟別人一起度假，尤其需要妥協，不過這次我不想去安妮之家。雖然我還沒勇敢到足以說出內心的真正想法和感受，但是我對於假期想做與不想做的事，總是抱持強硬態度。自從六歲以後，我就只想在度假時，到海邊或游泳池游泳，在躺椅上看書，吃著美味餐點，如此而已。我樂於參觀任何一間畫廊，也喜歡逛街購物、去電影院或劇院也行，只要不犧牲海灘或游泳池畔的時光就好。但我從以前到未來，最不想去的地方就是跟種族屠殺有關的建築，參觀安妮之家會讓我想到那位十幾歲無辜女孩的恐怖遭遇。

前往阿姆斯特丹的路上，我想到第二天下午非得去安妮之家（伊旺已經安排好活動行程），還要花兩小時參觀，不由得鬱悶起來。就算整趟行程結束了，煩悶感還是沒有消失。我對自己的懦弱感到厭倦，理智也告訴我，其實自己不必非得去安妮之家。

我可以理直氣壯對伊旺和寶拉說：「我不想去安妮之家，我到酒吧等你們參觀結束再會合。」儘管伊旺會生悶氣，那又如何？我還是可以說：「你對這種事生氣很不合理，我參加了行程表上的每一項活動，而且是整整四十七項活動。」我想像著自己說出這些話，但我知道自己是個懦夫，沒有勇氣說出口。

為了避免伊旺生氣，我還是去了安妮之家，這是錯的，對我們都沒好處。幾年後，我勇敢了一點，有時毫無來由說出一些話、做一些事惹伊旺生氣，想想當初如果衝動說了那些話，起碼動機還合理些，現在就不會想著：「我還有一股氣沒對伊旺發洩，要說什麼才能惹他生氣？」

自從阿姆斯特丹之旅以後，我再也沒跟伊旺和寶拉一起度假。幾年後，伊旺有一次說，「我們應該再一起度假……怎麼都沒安排了呢？」我附和，「對啊！不曉得為什麼沒再一起度假，一定要再敲時間。」然後完全不去安排。因為我很清楚，要是他剛好提議了我不想去的活動，我還是不會反對。我對自己的懦弱記仇，目的是提醒我別再做某件自己討厭的事。

記仇事件⑥：安妮之家

1. 記仇對象（我）的意圖？

a. 肯定或很可能是惡意
b. 也許是惡意
ⓒ不是惡意（一分）

2. 對方知道自己惹你不開心、傷害或對你不公平嗎？

ⓐ是，肯定知道（三分）
b. 也許知道
c. 完全不知道

3. 事件發生的嚴重程度？

a. 非常嚴重
b. 相當嚴重
ⓒ不太嚴重（一分）

4. 對方的行為或言論，對你造成的影響程度？

ⓐ非常糟糕——這會讓我繼續討好別人（說謊），無法活出真正的自己，委屈我內心的需求與期望來迎合他人，這等於是欺騙自己（三分）

b. 相當糟糕

c. 不太糟糕

5. 對方是否能更明事理，甚至做得更好？

a. 是

ⓑ或許——我的確是更明事理，但只要我深陷在恐懼與懦弱時，就沒辦法做得更好（二分）

c. 否

6. 對方是否對你造成實質傷害？

ⓐ是——儘管當時才十八歲，但當時如果能起身對抗伊旺，勇敢表達內心想法，或許這二十年就能擺脫自欺欺人與恐懼之中（三分）

b. 或許

c. 否

7. 該怨恨的「怒吼」係數為何？

a. 很高

b. 中等

ⓒ很低——這個怨恨比較多的是訝異與難受（一分）

8. 你會記仇多久？

ⓐ記仇很久——從一九九〇年到現在（三分）

b. 記仇時間中等；或者說，記仇一小段時間，但不會是永遠

c. 記仇稍短，很可能下週就放下了

★得分結果：「安妮之家」怨恨目前拿到十七分。

9. 光是這起事件，足以讓你對這個人或這些人記仇？

a. 是

ⓑ否——大家有時會為了討好別人，勉強做自己不想做的事。對我來說，如果只做過一次，沒違背我的心靈，那也沒關係（扣一分）

10. 假如你的記仇對象沒有做出引發怨恨的行為，你或對方會發生什麼壞事或可怕的事情嗎？

a. 否

ⓑ是——伊旺會生悶氣，態度冷淡，找方法懲罰我，我會感到害怕、心煩意亂（扣一分）

11. 如果記仇對象全心全意道歉，該怨恨會不會一筆勾銷或終止？

ⓐ否——我己原諒自己，但還是不由得心想：「就算這樣……想到當時你沒有更明智、做得更好，還是很驚訝。」我覺得這怨恨很強大，必須記住並保存下來（不扣分）

b. 是

12. 記仇對象是你心目中很重要的人，對方也這麼認為嗎？

a. 是，極為重要

ⓑ是，相當重要（二分）

c. 沒有特別重要，只是同為人類罷了

★分級結果：「安妮之家」怨恨最後獲得十七分，構成五克拉的怨恨。

第 7 章

懂記仇，更能
善待自己、原諒他人

「新的一天開始，我對自己說：『今日我會遭到干涉、忘恩負義、傲慢無禮、不忠誠、惡意、自私等情形，全是冒犯者不懂得區分良善與邪惡所致。』」

——馬可．奧理略（Marcus Aurelius），羅馬帝國皇帝

現在要更詳細探討，記仇如何讓人更懂得原諒，這句話聽起來十分矛盾又不合常理，請繼續讀下去！

醫學專家認為，心理的苦樂會影響到生理健康，長久處於憤怒、悲傷、恐懼、苦澀，身體機能會因此惡化。若有人建議我們抱持快樂的想法，放下不滿、往前走、原諒對方，那他們通常是基於好意想幫助我們。我們都很清楚，一旦任由報復與憎恨在心裡潰爛，偏頭痛、皮膚過敏、喉嚨痛、胃痛的症狀不久就可能出現。

請務必記住一點，不滿不只一種，憤怒背後的原因也不會只有一種。假如有人借走腳踏車，不僅沒歸還，還放火燒了，已經火冒三丈的我們，聽到其他人說：「不要對破壞腳踏車的朋友生氣，因為這只會帶給你痛苦，不會影響他。原諒他吧！這是為了你自己好。」聽到這些話，可能會讓人更想報復。

假使你的個性跟我很相近，肯定會有以下想法：「你到底在說什麼鬼？有人把我的腳踏車燒了還當成是玩笑，我必須立刻原諒他，然後往前走？萬一我就是因此憤怒而起疹子呢？當我的本能都在大喊：『記仇！記仇！』我卻努力按照你的建議，結果導致我牙齦痠痛、雙腳過敏脫皮呢？」（我的朋友啊！前述案例不是胡說，這麼多年來，我一直否認內心自然合理的憤怒才引發這些症狀，現在我能很開心地說，已經好了，我的雙腳漂亮光滑。如果你不相信，我很樂意寄一張相片給你。像我一樣記仇，你也會有一雙嬌嫩的腳！）

對許多人來說，這些無賴的行為可能還在衝擊我們，就要我們原諒對方，這等於是再次受到新的羞辱。相反地，如果其他人說：「那渾蛋沒救了！再也不要借東西給他。想借的話就要記住這件事：他把你的腳踏車燒了。」或許我們的情緒還可能好轉。（說出「那渾蛋沒救了！」之類的話，不會妨礙我們原諒對方或正面思考，只是在用浮誇有趣的方式發洩怒氣。雖然對冒犯者說這些話沒有任何作用，換作其他場合，尤其是在你家，放肆且生動地羞辱完對方後，就能減少對他的憤怒。）

一旦減輕負面感受，身體不適也會改善，醫學專家也多半認同。但我們還是經常聽到「忘了吧！往前走，要正面思考」，很少是「他做了那種事？肯定該記仇，你必須記仇，也應該記仇，一輩子都記著」，我認為原因在於，大部分的人不在意發生在你身上那些惱怒或不公平之事，他們希望你放下，從而使他們的生活輕鬆些。

現在請不要覺得很糟，因為我說過當壞事發生在你身上時，你所愛的人不會在乎，這不是針對你，是發生在他們自己身上的壞事，多半也認為不值得紀念。世上每天發生許多的大小壞事，大部分的人都認為必須要像沒事一樣往前走，否則會被憤怒與苦澀吞噬。他們會抱持這種想法，是因為不曉得記仇非但不會妨礙幸福，還能灌輸世界正面能量，進一步原諒惡待自己的人。

一旦踏上記仇之道，願意記仇，也對記仇為榮，就能重視我們的情感標的。這種改變將帶來一項附加結果——漸漸發現自己願意尊重他人的感受。當你的朋友貝蒂說：「忘了吧！往前走。」她不是在加深你的痛苦，只是將生命中承受數百遍的標準傳遞下去。當認真關心自己受到的對待，多半也會自然而然在意起他人的感受。

每當親朋好友說起某人對他的冒犯行徑時，我總會騰出時間傾聽：「每個細節都跟我說吧！」聽完後，我大多會表示贊同，接著回應：「絕對不行這樣，要是我會記仇。」沒錯！說故事的人被惡劣對待，有權利重視自己的感受。

我的意思不是要他們向對方發洩大吼、絕交、永不原諒，而是「這種事本來就該記仇，必須編成紀念型怨恨故事，只要對你仍具影響力，就該長久牢記、想說就說出來」。我的回應還有同理對方的含意，當你聽見另一個人說：「發生在你身上的壞事，真的很重要。」心中的難受就能稍微減緩。

心理治療師懂記仇

心理治療的精髓是心理師已經準備好「見證」個案所描述的經歷，當個案覺得自己被聽到、被看見、被同理、被認可，就能意識到自身經驗及其情感能發生正向變化。對蘇菲與其他記仇者而言，記仇是一種見證自己的手段。就算永遠不說出怨恨故事，只要好好珍藏在怨恨櫃裡，就代表「這件事很重要，我很重要，我的感覺很重要，我會為自己保存好這件事實」。

——海倫．艾克頓

大多數的人通常要先察覺內心的負面情緒，等待感受自然消退，才能擁抱正面能量繼續往前走。但總有人還等不及我們準備好，就提出原諒對方的建議，並說：「不要想著某某做的壞事，想想他做的好事。」

正因如此，我們常認定對方站在傷害者那邊，或者是不想浪費時間、力氣，處理我們的痛苦或憤怒，希望能盡快克服並振作起來。重點是，當傷害發生時，本來就會產生不滿情緒，不是他人一彈指，我們就能往前走或原諒對方。

《人生教練學校》的主持人布魯克．卡斯提歐坦誠，儘管她知道自己的權益不能拱手讓人、必須掌控自己情感生活等理論，也承認自己無法立刻付諸實行，有時還是會陷入憤怒，或者在某個週末跟家人相處時，哭了好幾次。

反之，艾克哈特．托勒在《當下的力量》從沒寫過以下言論：「我必須承認，上週我把自己深信的理論全都丟出窗外，那時鄰居隔著庭院籬笆對我大吼：『喂，老兄，我垃圾桶裡的東西比你更像大師！』我撿起一塊石頭，朝那渾蛋丟過去，就算是我也沒辦法一直表現得像大師！」畢竟托勒的著作給人一種堅定印象，即便對方再怎麼挑釁，也不會激發他所謂的「不自覺」方式行事。

有艾克哈特．托勒和布魯克．卡斯提歐的存在，我感到非常放心，我也喜歡證悟大師的概念，至少有一人能成功擺脫多數人每天都在煩惱的事，再也不會被激怒，人類是有可能達到這種境界，但是你我這般普通人多半永遠做不到，所以不該白費時間嘗試。

在一定程度上，我實踐托勒與卡斯提歐的主張，也覺得必須制定出一套適合自己的做法，在這經常冒犯他人的世界裡，我才能更好地繼續往前進。每當我聽到卡斯提歐說「沒人可以傷害你的感覺，除非是你讓對方傷害你」，還有托勒舉例「對自己訴說另一則故事，故事中的人並沒有試圖殺死你的狗」，我總是心想：「嗯，可是……可是……他們做到，他們成功了。」

這就是我發明記仇之道的理由，兼具開悟又實際可行。記仇之道將以下不變的事實視為理所當然、無可爭議的基礎：除非我們住在某處偏遠森林小屋，沒有網路，相距其他人數公里，否則一生中總會有人有意無意地傷害、麻煩與觸怒我們。

沒錯，各位，無論是現在還是未來，人們就是會激怒你，如背叛你、羞辱你、視你為理所當然、誹謗你、答應要回報卻忘了、燒你的腳踏車、沒先問過你是否介意就買了跟你一樣的裙子。要是有人能證明前述說法是錯誤的，我肯定會很高興，但我深深認為有些人**總是**會重複過去做的壞事，還有他們尚未嘗試過的越線行為。

只要人類還生存在地球或任何星球，接受他人會傷害、惹怒我們的事實，就是一個很好的起點。

下一個問題：我們要如何避開不必要的痛苦，同時確保自己的人生和這世界還有一些正義可言？

答案很簡單：「踏上記仇之道。」這不是緊抓憤怒和痛苦，毀掉自己和別人的人生；也不是立刻原諒每個人，強迫自己只想著正面想法（粉飾一切），或試圖壓抑我們

的受傷或憤怒。記仇之道是在這兩種極端之間，闢出一條明智且令人滿意的中庸之道。

心理治療師懂記仇

假裝沒事並否認事實，其實沒有幫助。想過著正面積極的人生，不需要否認目前處境，而是必須對自己更真誠：看清楚現況，懷著愛與接納的態度，不帶任何評斷接受自己的想法和情緒。如此一來，我們自然而然能受到激勵，從不滿中獲得解脫，做出聰明的言行舉止。

——安・葛雷

接下來，我要帶你逐步了解記仇之道的實踐方法。

好好記仇的十大原則

1. 明白人們可以永遠激怒我們，使我們心煩意亂。
2. 我們會感受到負面情緒，例如憤怒、悲傷，但不應試圖否認、消除或催促放下這些感覺。若是有人說我們小心眼或得理不饒人，絕對不要接受這種說法。
3. 不要緊抓著這些負面感受，應決心讓它們成為我們永久獨特的真實面貌。儘管當下憤怒、悲傷等負面感覺非常強烈，最後都會慢慢消失。
4. 我們需要從發生的事件上，汲取某個能保留下來的元素，這並不是讓自己或記仇對象必須永遠難受，也不是要報復對方，更不是讓這項元素依附在自己的負面感受，甚至是任何有害、具攻擊性或報復性的行為（這些是錯誤的）。
5. 如果我們想從發生的事件上，汲取某個能保留的元素，就要對觸發事件產生不會傷及自己與記仇對象的「怨恨」。
6. 發生怨恨之前，必須先準備好怨恨櫃。
7. 我們必須產生自己的怨恨（見第八章），處理並確保它所帶來的教訓是有效、無害且有益心理，能在我們身上強化正面積極的價值觀。

8. 將怨恨進行分級和分類，放在怨恨櫃裡的最佳位置。
9. 一旦落實前述行為，等於承認與紀念這項怨恨的重要性，負面感受也會逐漸消失，現在我們可以毫無恐懼地放下，繼續往前走了。相反地，假如你試圖強迫自己抱持善良的想法，盡早原諒對方，沒意識到自己受到的傷害對所有人都很重要，就無法用這個方式前進。
10. 只要發現自己在該事件中是接收者，就重複以上步驟，以負責又安全的方式記仇，直到我們決定放下某些怨恨為止。即使無法釋懷也沒關係，記仇之道仍對你有保護作用（如同人在這世上大多會受到保護），能避免痛苦憤怒，還有這些不當行為所引發的負面感受。我們所認為（良好、有效、以負責任方式記住的）的怨恨，並不是丟臉羞恥，是能帶來自主力量、啟發人心的正向行為。

這些就是全部的記仇之道，做法簡單有效，在我身上行得通，換作是你也一定行。不過，每當我向別人解釋記仇觀點時，總會被問到以下問題：

「萬一我的負面感覺不會變呢？」

如果你產生怨恨，處理怨恨，從中學習教訓，放在怨恨櫃後，發現自己還是充滿憤怒，那你應該這麼做：接受自己的憤怒，不要擔憂，對自己說：「憤怒，歡迎你，你有權利待在這裡，想待多久就待多久。」最後感覺會慢慢改變，留下的是怨恨賦予你的自豪與喜悅，就像戰後頒發的英勇動章展示在怨恨櫃裡。

心理治療師懂記仇

蘇菲的做法就是美國心理學家卡爾．羅傑斯（Carl Ransom Rogers）提出的「個人中心治療」（Person-Centered Therapy）*，他說過一句名言：「說來古怪又矛盾，當我如實接納真正的自己，就能做出改變。」心理師都知道一件事實：「感覺」有如信使，當你越是壓制或推開他，他會越用力、越大聲地敲門，因此歡迎他進來，傾聽他要傳達的消息，遲早會安靜下來，而你也能繼續走向自己的道路。

——海倫．艾克頓

* 美國心理學家卡爾．羅傑斯創立的個人中心治療，是由個案洞察自己問題的心理治療方式。

以下觀點我已說過，在此還是想重申一遍，希望大家牢記：自從我踏上記仇之道以後，怨恨事件所引發的負面感受減弱一百倍，情緒轉變速度卻加快一百倍。因為我會在事件發生當下忙著想：「哦……有新的怨恨！我等不及要處理、分類、分級！」所以時常跳過受傷與憤怒的過程。

請注意，我是花了好幾年的時間才做到這個程度，請不要期望記仇之道像魔法般立刻見效。你應該留意一點，當你有自覺且快樂地產生第一個怨恨並放進怨恨櫃後，負面情緒消失的速度會稍微快一些，每次依照步驟進行，效果都會變得更加明顯，我相信多數人跟我一樣，終究會發現負面感覺將逐漸轉弱，甚至會以更弱、更短暫的形式出現如果它會出現的話。

這就如同你坐在家中，看見一隻大黃蜂在緊閉的窗戶外嗡嗡叫，你不會畏懼、擔心被叮，就算對蜂螫嚴重過敏，也不至於感到恐慌，對吧？這是因為你了解玻璃窗會保護你。自從我有意踏上記仇之道後，也感受到自己被保護的感覺。

為什麼記仇對你有好處？

- 怨恨有如紀念品，代表你受到的錯待與傷害至關重要，在你身上發生的事永遠不會沒關係，該事件所引發的感受，你有權想記多久就記多久。
- 將怨恨留存在人生裡，就會記取自己學到的寶貴教訓，畫下更堅定的界線，防止他人冒犯或強迫你做不想做的事。
- 怨恨是一種動力。我朋友吉兒是英國文學布克獎（Booker Prize）的入圍小說家，她下定決心發揮才能與智慧來獲得偉大成就，是因為她上的天主教學校，有位老師曾對她說：「吉兒，真福*不包括『聰明人有福』的福分。」

---

* 「真福」是天主教對殉道者或虔誠者的稱謂，最少要有一個被天主教會認證過的神跡，才能成為真福。

心理治療師懂記仇

怨恨可以是強大的激勵因子。「我會證明給他們看！」記仇者多半把怨恨當成驅使自己進步的動力，小時候被惡待，長大後回憶那段往事（也就是自己記下的怨恨），會發現記仇幫助自己燃起鬥志，充滿正面的復仇能量，使我們激發出更優異的成果。

——海倫・艾克頓

不再否認被冒犯的負面情緒

- 人類一向講公平，我們不喜歡做錯事還僥倖逃脫的人，當你的怨恨安穩又快樂地擺在怨恨櫃，就不會認為記仇對象在得到你的原諒後，還能逃過懲罰、逍遙法外。就算現在原諒對方，繼續往前走，你不會覺得自己承受的惡待會消失無蹤，也不會覺得認可該事件對所有人不重要，所以你更有可能原諒對方。

- 你需要採取一些行動，將事件所引發的怨恨變成怨恨櫃中的驕傲（前述原則六到八），你專注將想法轉變成正能量等具有創意的事。有些人可能會認為以下說法聽起來難以置信，但我保證真實無誤：在記仇之道的實踐上，我的境界已到達每次有新怨恨都感到開心且感激，甚至感謝引發該事件的人，使我能從怨恨中學習。久而久之，不須刻意努力，會更懂得原諒。
- 成為負責的記仇者並執行做法（見第十一章），就會知道其他人記仇你的次數，不亞於你記仇他人。因為他們不是毫無瑕疵、行為完美的人類，你也一樣。儘管他們對你懷著紀念型怨恨，但你也不想一輩子被人討厭或絕交，而是想獲得原諒，不是嗎？基於「己所欲，施於人」的原則，你會發現自己比現在更想原諒他人。
- 踏上記仇之道以後，再也不會因為試圖抗拒、否認或太快遠離憤怒、痛苦，反而強化這些感覺。艾克哈特．托勒說過：「你反抗的，就會強化；你抗拒的，就會長存。」有些人會勸你原諒、遺忘並往前走，認為記仇不好又錯誤，無論如何都想阻止你，但反抗那些人不會強化你的負面感覺，因為你了解他們對記仇的錯誤理解，能冷靜不予理會，或者對他們記仇，從而掌握自主力量。

簡言之，一旦你有很大的怨恨，就能明白只要自己想原諒就**負擔得起**，還會發現自己原諒他人的頻率變得更多。**負擔得起**之所以是粗體，除了因為我喜歡用粗體，也是因為我覺得這裡用「錢」來比喻很合適。

試想一位匿名捐款人捐給你一百萬英鎊，你會覺得花光錢買自己喜歡已久的漂亮鑽石是明智之舉嗎？應該不會吧！大部分的人會選擇買小顆一點、稍微平價些的鑽石，存下一部分的錢，做為支付貸款、學費、緊急預備金、退休基金上。

現在，那位匿名捐款人捐的不是一百萬而是一千萬。在這種情況下，如果你最大願望是擁有那顆一百萬英鎊的大鑽石可能會想：「沒關係，我負擔得起，畢竟還有九百萬英鎊，我的存款在安全水位，能夠應付所有預想狀況。」

這就是良好怨恨的後援作用，能提供你學習的機會、象徵式的正義與保護，帶給你保障和安全，只要你想原諒就負擔得起。怨恨相當於你的存款，正因為這些留存下來的正面怨恨讓你變得更加快樂，讓負面感覺不會殘存，使我們更容易原諒他人。

下一章講述的是，負面怨恨如何轉化為正面能量，討論「訴說怨恨故事」的重要性與做法。當事件引發的最初傷害消失後，要如何透過說故事的方式，消除怨恨裡有損健康的負面元素，只保留好的，進而改善人生並對世界有益。

在跨出下一步前，我先分享自己的另一則怨恨故事

記仇事件⑦

不經意說人胖：存心惡意型

某天，我跟朋友史黛拉聊到共同好友費莉絲蒂的事。我已經好幾年沒跟費莉絲蒂聯絡，史黛拉因為和她在臉書上是朋友，偶爾會跟我說些她的消息。那次史黛拉說：「我不敢相信……費莉絲蒂竟然交新女友了。」

「為什麼不敢相信？她跟瑪莉安分手兩年了，遲早會遇到新對象！」

史黛拉尷尬笑了出來：「對，重點不是遇到新對象，是遇到誰。」

「所以呢？她遇到誰？」

「那女人不只是醜，是醜到破表。」

「哦！」我回應。此時我覺得某件該記仇的事情即將發生（這是我現在擁有的第六感，有時能預料到怨恨事件的爆發）。

「是啊！我說啊……妳還記得費莉絲蒂有多漂亮吧？」史黛拉說。

「記得。」費莉絲蒂以前確實很漂亮，但我將近二十年沒見過她，不曉得現在的模樣。記得我們三個還是好友時，有一年夏天，我們常會一起游泳。有一天，費莉絲蒂不能去，史黛拉對我坦白：「其實我比較喜歡跟妳去游泳，因為費莉絲蒂身材很好，穿泳裝很漂亮，站在我旁邊，我覺得好自卑。」

史黛拉意圖讓我也感到受傷、被冒犯，覺得自卑。但我不回應她的話，反而開心聊起其他事，她又故意大聲說了一遍：「對啊！我只喜歡跟妳去游泳，這樣我就不會覺得自卑。」

基於游泳故事與史黛拉回想費莉絲蒂以前很漂亮的說法為依據，當時就察覺到某件該記仇的事即將發生，而且不久後預感成真。史黛拉開始靠近我，輕聲說：「費莉絲蒂以前很有魅力，但她現在幾乎跟那位新女友一樣胖。」

「啊哈！」我心想，「就是這樣，把肥胖與沒魅力畫上等號，重點是當前說話的這個人也很胖。」我沒將這個怨恨歸類於粗魯無禮型，是因為我看到史黛拉即將開口時露出幸災樂禍的眼神，顯然是故意講出來的。

我暗自發笑，身為怨恨收藏家，抓到對方故意又明確的惡意，有點心滿意足。我想熱愛釣魚的人釣到超大的梭子魚*或其他魚種，肯定就是這種感覺了（我對釣魚一無所知，超大的梭子魚肯定算是特殊魚種，如果我講錯就糾正我）。

備註：有些讀者也許會想：「蘇菲為何要跟那麼多差勁的人往來？他們做了那些糟糕的事……」現在，我就回答你的疑問。

1. 雖然只要下定決心，就能任意封鎖對方，但我本性不是如此，也永遠做不到。「你對我很壞，絕交」是我不想說的話，也許是我自己懦弱，但我認為這就是沒必要的暴力行為，彷彿絕交就是友誼版的死刑，而我是堅決反對。
2. 做出差勁事情之人，多半也會做出美好的事。如果因為對方做出不當行為或言論就絕交，那我也必須跟自己絕交了。因為我犯下的錯就跟別人一樣多，在這之後的章節會談到，你必須得承認他人記仇你的次數，不亞於你記仇他人。

---

* 俗稱梭魚、海狼或麻雀錦，因體積大（可長達一．八公尺）和凶猛的個性，廣為人知。

3. 想與他人絕交不是那麼容易，畢竟周遭還是有那些你在乎的人會熱心跳出來說：「你說什麼啊？他人很好，他威脅要用烤肉串戳你眼睛，應該是在開玩笑。他那時得了鏈球菌咽喉炎，你也知道，不要對他太嚴厲。」

通常有共同友人很難斷乾淨，並且當我們反抗友人私下的霸凌、隱而不顯的惡意、表面關愛卻壓抑操控的言行，反倒常被當成壞人。不過，關鍵是這點，當踏上記仇之道以後，就不會經常想封鎖對方，因為你以負責任的方式記住良好怨恨，它不僅會保護你，還可能幫你阻擋掉大部分的危險。

心理治療師懂記仇

當你主動選擇與某人絕交，可能會認為自己正在背負著他或是你對他的負面感受。但你可以做出另一種聰明選擇，不需要強迫自己花時間與對方相處，非但能獲得解脫，還能避免背負令人衰弱的情緒負擔。

——安・葛雷

記仇事件⑦：不經意說人胖

1. 記仇對象（史黛拉）的意圖？

ⓐ肯定是或很可能是惡意（三分）

b. 也許是惡意

c. 不是惡意

2. 對方知道自己惹你不開心或傷害到你，或對你「沒禮貌」？

ⓐ是，肯定（三分）

b. 也許知道

c. 完全不知道

3. 事件發生的嚴重程度？

a. 非常嚴重

b. 相當嚴重

ⓒ不太嚴重（一分）

4. 對方的行為或言論，對你造成的影響程度？

a. 非常糟糕

b. 相當糟糕

ⓒ不太糟糕——我預料到史黛拉會偶爾說出這種話，所以不會驚訝，也不會被惹惱（一分）

5. 對方是否能更明事理，甚至做得更好？

ⓐ是（一分）

b. 或許

c. 否

6. 對方是否對你造成實質傷害？

a. 是

b. 或許

ⓒ否（一分）

7. 該怨恨的「怒吼」係數為何？

a. 很高

ⓑ中等——存心的惡意是很高的「怒吼」係數，但我發現這個怨恨很有趣，因為我猜想史黛拉以為她故意嘲弄我的方式很不明顯，但其實就像帶著很大的招

牌，上面寫著：「我想要摧毀你的信心。」（二分）

c. 很低

8. 你會記仇多久？

a. 記仇很久

b. 記仇時間中等；或者說，記仇一小段時間，但不會是永遠。

ⓒ**記仇一小段時間——這件事雖然剛好趕上本書截稿前一週發生，但我很可能會永遠保留下來（三分）**

★得分統計：「不經意說人胖」目前拿到十五分。

9. 光是這起事件，足以讓你對這個人或這些人記仇？

a. 是

ⓑ否——光是這種發言，不足以讓我相信那是存心的惡意。史黛拉應該是未經思考就說出「超重的人一定沒魅力」的發言。當人們意識到自己做了這種事，多半會注意自己的嚴刑，我認為史黛拉也是相同情況（扣一分）

10. 假如你的記仇對象沒有做出引發怨恨的行為，你或對方會發生什麼壞事或可怕的

事情嗎？

ⓐ否——不用扣分

b. 是

11. 如果記仇對象全心全意道歉，該怨恨會不會一筆勾銷或終止？

ⓐ否——史黛拉五十多歲，也讀過很多書，能意識到這種行為是惡意中傷好友。不管以後她做了什麼，我都想保有防護型怨恨（不用扣分）

b. 是

12. 記仇對象是你心目中很重要的人，對方也這麼認為嗎？

ⓐ是，極為重要——或者說，我們對彼此而言都很重要，有一定分量，發生這件事後，我感覺分量下降了（四分）

b. 是，相當重要

c. 沒有特別重要

★分級結果：「不經意說人胖」怨恨，最後獲得十八分，構成六克拉的怨恨。

第 8 章

把怨恨化為變好的動力

「我以敵為友，不就破敵了嗎？」

——亞伯拉罕·林肯（Abraham Lincoln），美國前總統

如果我說記仇對你有好處，肯定是因為記仇能讓你更好過，是吧？是，我的確是這個意思。不過，記仇只有經過正確處理，才能達到這番境界。

這是什麼意思？嗯，就是指你不能任由原始怨恨做自己想做的事，不去照料監督。如果將怨恨比喻成十幾歲的孩子，放任不管的話，會自動在早上七點起床、穿上乾淨漂亮的制服、吃健康的早餐，去學校上課嗎？當然不會，只會睡到十一點，午餐訂起司加量的披薩，然後玩一整個下午的電動。雖然這是它當下想做的事，長期下來，沒有任何益處，因為你的原始怨恨可能天天都想這樣過，所以你這位主人（家長）必須插手管教才行。

原始怨恨是指未經處理的怨恨，這不一定是新的怨恨。也許你會記仇好幾年、幾十年，但你記的怨恨可能還沒處理，或者在你沒付出任何心力的情況下已經自行處理，使它現在不會傷害到你與其他人，你也從中獲益。

一旦你踏上記仇之道的時日越久，處理新怨恨的速度會更熟練，很可能會發現某個剛形成一週的怨恨，已經處理完畢。如果你尚未有自覺地照料怨恨，很可能有些仍是原始狀態，不但使你難受，還會以錯誤的方式運用它們。

如果正處在這種情況下，請不要怪罪自己。每一個怨恨一開始都是未經修飾的，社會也從未教導我們如何處理怨恨，撫平內心難受、有害的感覺。現在我將更詳細探討「原始或未經處理」和「處理過」（因為「處理」為Process，以下將以P1、P1、P1作代表）的怨恨，請你選擇一個怨恨，應用在這項練習，自問該怨恨是否符合以下條件：

P1. 即便是自認為有正當理由的憤怒，或者被虐卻樂在其中的痛苦，這個怨恨會讓你生氣或不開心到想傷害記仇對象嗎？

P2. 該怨恨不再有活躍的情緒感染力（這有別於良好又處理過的怨恨會產生活躍的相關感染力），也就是當你想到該怨恨時不會產生負面情緒，但會出現其他想法與信念，使你不想傷害記仇對象？

P3. 你覺得該怨恨在某些方面有益、好笑或有趣，甚至還能強化你學到的正面教訓，不會想傷害這個怨恨，並樂於告訴他人？

P1怨恨會傷害你與他人；P2與P3怨恨則不會。在此要告訴你一個好消息，幾乎所有P1怨恨都有可能轉變為P2或P3，只要進行正確處理，就能把負面怨恨轉化為正面怨恨能量。

為了聰明又妥善地記仇，必須處理以下兩個方面：

1. 你的怨恨。
2. 你自己。

你想先處理哪一項都可以，建議先從怨恨開始，所以我才有意把「如何成為負責的記仇者」編排在本書末章，該章是討論你需要對自己做哪些工作。有些人可能會想：「這不是搞錯方向了嗎？先處理自己不是比較合理嗎？改善後的自己，才能更有效處理內心的怨恨。」

但我覺得不是如此。因為大部分的人多半記了至少十幾個或更多未處理過的怨恨，在我發明記仇之道以前，擁有的原始怨恨數以百計，如果那時有人對我說「先處理妳自己」，我知道會出現以下感受：該死，問題又不在我身上，問題是別人，是他們這些年來對我做的事。

如果你記了很多原始且可能感到痛苦的怨恨，卻要請你先改進自己，彷彿你就是問題所在，那麼你的內心便會蔑視、反抗記仇之道，所以我才會採取先處理怨恨的做法。

因為你的問題僅占〇．〇〇〇一％，問題的九九．九九九九％是毫無選擇地只能活在別人經常激怒你的世界。

那麼，現在就來處理怨恨吧！原型與未經處理的食物營養價值，往往比加工品還要高；但怨恨世界則恰好相反，澈底處理過的怨恨才是健康有益的。我們的目標是要把P1怨恨一律轉成P2或P3。

如何正確處理怨恨？

開始處理怨恨前，需要準備的物品如下：

1. 筆記本、電腦或其他可以書寫的紙張或本子。

2. 時間：起初可能需要兩小時，但練習後，一個怨恨應該只需要一小時。

3. 至少一個原始怨恨。

寫下發生事件

篇幅長短隨意，可以使用第一人稱或第三人稱，應包含事件中所有相關細節，也許還可提到背景故事。以下是不好的示範：

柴克很垃圾，我永遠不會原諒那渾蛋。如果有機會報復他，我絕對會這麼做！

以上內容其實不是故事，而是描寫我對柴克的想法。至於柴克是誰？跟我什麼關係？你並不曉得，因為我沒跟你說。他對我做了什麼？你可能再次回答不出來，因為我漏掉所有細節。以下示範怨恨故事的正確寫法：

柴克．羅斯是我兒子的朋友（或熟人）。有一次，兒子經過我的同意，使用家庭卡上網刷卡買生日禮物給柴克，當時柴克也在場。（前述文字是背景故事，鋪陳場景的關鍵，在觸發怨恨之前，讓人得知前因後果。）

柴克默默記下家庭卡卡號，未經許可刷了將近五百英鎊。我發現後，聯絡他的母親，由她去跟柴克談。他否認犯下前述罪行，聲稱是不小心刷到我們的卡，還以為是自己的金融卡。

這種說詞我才不信，但他母親顯然想要相信。幸好兒子的某位好友有段期間都跟柴克在同一個滑板公園玩，他告訴我，前幾週聽到柴克對其他人說：「欸，只要給我三十英鎊，我就能幫你弄到一百英鎊的運動鞋。」

很明顯地，柴克如果是花自己的一百英鎊買每雙運動鞋，就不能從中賺到利潤。但他很幸運，原價購買商品的人是我，只是我不曉得。

我很生氣，但沒報警，而是跟他母親談。我設身處地想過，假如柴克是我兒子，我會有什麼感受？我會希望有機會自行處理，希望他不會留下刑事紀錄。柴克母親跟自己兒子對質，說出這位證人所知道的運動鞋騙術，柴克知道事跡敗露，承認盜竊詐騙。他母親寫電子郵件給我：我覺得很對不起，柴克也是，他一定會盡快寫信向妳道歉。

他一直沒有寫信給我，起初我猜他是太羞愧，很難面對我，但他卻每天傳髒話的訊息給兒子，我開始懷疑起他悔悟的真心，他應該是對我記仇，是我讓他陷入麻煩。

一年都快過去，我還是沒收到柴克的道歉，從他的 Instagram 來看，他忙著對路過的汽車丟啤酒罐、揍其他溜滑板的人、服用大量毒品、在劍橋（Cambridge）到處簽名塗鴉，就是沒時間向我這位中年媽媽道歉！

前述故事才是描述實際發生的情況，包含必要的前後脈絡與背景鋪陳。其中沒有描述你對事件發生時的感覺或想法，但這部分也可以納入。當我請大家把怨恨故事傳給我時，收到不少是在描述生氣和傷心的內容，卻沒有說出是哪些怨恨事件引起這些感覺。

不要馬上讀

不要寫完怨恨故事就馬上從頭到尾讀一遍，擱在旁邊一晚。你也可以按照自己的意思，一次只寫一個或許多怨恨。

隔天早上重讀你的故事

隔天早上，把你的故事從頭到尾讀一遍。這是哪一類型的故事？是殘忍的還是不公平的？是忽視、拋棄……？無論是哪種故事，試試看能否添加一點幽默感。

我在柴克．羅斯怨恨故事加上的幽默感，就是特意把「柴克的母親說兒子很內疚悔悟」，與現實中「柴克把罵人的訊息透過兒子傳給我」作為對比，顯見他沒有反省。當我寫著：「我開始懷疑起他悔悟的真心……」這是在說笑，當中的幽默感在於那時的我無疑認為柴克．羅斯是沒良心的小渾蛋。

故事盡量加上幽默感的話，怨恨很快會變得有趣，一旦你覺得有意思，便能創造出正面能量，負面感覺與復仇的渴望會隨之減弱。每當我想在柴克．羅斯家噴上「該死的渾蛋」，就會不由得心想：「其實『縮頭烏龜』更好。」隨即笑了出來，同時也記住一點，與其成為破壞公物的塗鴉者、傷害到柴克父母（畢竟有柴克．羅斯這種兒子已經夠倒楣了），不如把時間花在取笑至今我碰到的蹩腳大罪犯，這種做法既健康也無傷大雅。

柴克被我抓到後，不僅被自己的母親責罵，也沒賺到詐騙計畫中的任何利潤；在他的 Instagram 上，竟然還把自己犯下的其他罪行公開張貼，也許日後將成為呈堂證供。

把幽默和趣味加進故事

盡量把所有幽默感和趣味都加到怨恨故事裡，如果該事件的衝擊力壓垮了你，讓故事失去樂趣也別擔心，重新審視一次內容，自問：「假如我能夠重寫故事，只改變自己行為的話（畢竟我們改變不了記仇對象的行為，這點我們必須有所認知，不然會白費氣力），那我能改變什麼？」

在柴克．羅斯怨恨故事中，我想改變的地方是「我設法不讓他留下犯罪紀錄」，甚至也想改變以下地方：我沒直接報警，而是聯絡他母親。這種做法等於讓我必須看她的電子郵件，她在信中寫到，柴克對她發誓，說他犯下的罪行完全是意外，她想相信柴克，因為他是個可愛、誠實的孩子。但柴克沒罵自己媽媽而是我。

重寫故事

現在重寫故事，改變成你預期的行為和另一種結局，這部分你可以編造，因為你現在訴說的是虛構版故事，所以全由你決定。在我虛構版的柴克．羅斯故事當中，有兩位嚴肅的警察來找柴克，通知他英國皇家檢察署要對他採取罰則，也許最多就是做點社區服務，或在少年輔育院待兩個星期。柴克會明白自己一直很蠢，決心再也不騙人，還寄了封電子郵件給我，為他的所作所為道歉。到了那時，我會接受他的真心道歉，撤回所有告訴。

把前後兩則故事一起比較

把你的兩則故事並列在一起，或把其中一則放在另一則之前，先讀一則，再讀另一則，充分體會兩則故事的不同之處。自問：「你對這個原始怨恨所產生的負面感覺強度是不是有一部分來自於，對自己改變不了的過去而感到挫折，或者對於沒做出應該做的正確行為而感到憤怒？」

這兩個問題中，通常會有一個或兩個答案是肯定的。有了這層認識，就能體會該怨恨帶給你的強大負面情緒，並不是僅是怨恨本身的錯，這層認識能幫助你消除內心必須一直討厭或要反擊對方的執念。

明白自己改變不了過去和他人

要明白自己改變不了過去與別人。如果你對這部分感到掙扎，發現心裡不斷想著：「可是我不能忍受發生在我身上的事，該怎麼辦？」可以閱讀美國作家拜倫・凱蒂（Byron Katie）的《一念之轉》（*Loving What Is*），該書的解釋非常好，清楚描述我們為什麼與現實爭論沒有意義。是的，站在道德角度來看，柴克・羅斯對我們做的事完全不能接受，我也不會改變這種說法。他盜刷的確是赤裸又露骨的事實，這點我永遠無法改變，但若是我決定自己無法接受，那就是試圖爭論一項無可辯駁的事實，這是世上最沒有意義的舉動。

由此可見，你必須接受怨恨事件已經發生的事實，必須接受記仇對象是個傷人、危險、偽善、行竊又亂塗鴉的渾蛋，必須接受自己不可能有改變對方的能力，因此不該嘗試「就讓對方做出改變的決定吧」、「等對方準備好了就會自行處理」的想法；當然也有可能對方並不想永遠做個道德淪喪的垃圾，無論結果如何，這也與你無關。

理解「該做的正確事」原則

在處理怨恨的方法中，這可能是最關鍵的步驟，我想透過我的狗布魯斯特，介紹該原則。

我在劍橋的家有座小庭院花園，我正打著筆電寫這本書，可愛的布魯斯特坐在我旁邊的沙發墊上伸直身體，陪伴著我。現在，我如果澈底忽略布魯斯特的存在，哀聲嘆氣、惱火憤恨地想著：「希望那隻我想擁有但並不存在的波士頓㹴巴特卡能跟我在一起，但巴特卡不在這裡，我無法放鬆，也快樂不起來。」這豈不是世上最愚蠢、最不理性、最沒有意義的事？甚至幫自己打造一個完全不必設想的慘境？因為身旁明明就有布魯斯特，卻為了不存在的狗而怒氣沖沖？瘋了吧！

許多人對於該做的正確事，就是這樣處理的。在我們的怨恨故事中，該做的正確事通常不再存在。以「乾草堆裡的畫作」舉例，我原本該做的正確事就是不要怕被報復，任由自己被情緒勒索找出羅菈的畫掛上。我現在也無法做這件事了，因為已經跟羅菈沒有往來，我也捐出她的畫作。

我現在該做的正確事就是停止回想不在的波士頓㹴巴特卡，珍惜我身旁的真狗布魯斯特。簡言之，**該做的正確事：不再想著、煩惱那些無法再做的事。**很多人忙著悔不當初，結果忽略當下該做的事。**我們必須澈底拋棄過去，停止反覆思考，才能正確處理當下。**

找出當下該做的正確事，付諸實踐

關於柴克・羅斯的怨恨，我當下該做的第一件事如下：打電話報警檢舉他。「等一下，什麼？」我聽到你們這樣說，那不是過去該做的正確事，所以不存在嗎？才不是這樣。那是過去該做的正確事，但也算是現在該做的，為什麼？因為我還是做得到啊！

如果你的怨恨故事裡該做的正確事，是你現在還做得到，也應該做的，那就採取行動，糾正怨恨故事裡的錯誤。不過要記住，必須是基於糾正錯誤的正確目標，而不是「哈！我要讓他受苦」這種復仇渴望。至於羅菈與「乾草堆裡的畫作」，因為我遇不到她，畫也捐出去，所以什麼事也做不了。但我還是有當下該做的事：我決定再也不要任由自己被陷入童年陰影又不講理的人擺布。此時就要談到下一點……

從怨恨故事中，學習所有可應用的教訓

若某個怨恨故事裡該做的正確事，不再是可行選項，致使無法改變現況與是非對錯，那我們當下該做的正確事：學習故事提供的所有教訓。只要意識到自己能從怨恨故事中，汲取有效教訓（怨恨故事會因此轉化為良好怨恨），就再也不會陷入悔不當初的迴圈。對於柴克．羅斯，第一件該做的正確事就是「通報警方」，我做了。第二件就是「學習所有能獲得的教訓」，我也做了。教訓如下：

- 確保我的小孩理解，無論是什麼情況都不可以偷竊。
- 教導我的小孩明白，有些人不值得信任，就算對方的滑板看起來很酷也一樣，為了安全起見，不要把信用卡的 **PIN** 碼讓別人看。
- 教導我的小孩明白，如果犯罪或冒犯到別人就應該好好道歉，盡力改正，同時也確保我能記住這些教訓。
- 對待自己的孩子，絕對不能像柴克的母親那般天真。
- 以後再有人偷我東西，不要創造讓對方逃避懲罰的機會，尤其不知道對方是否會改過自新，應明白處理犯法者是警察的職責，不是我的工作。

- 更常檢查銀行帳戶，除了防止被盜領，也能及早發現異狀。
- 提醒兒子不要去那座滑板公園，因為有一堆吸毒、買賣毒品、亂塗鴉的無賴。

心存感激，欣然接受

感謝學到教訓的機會，欣然接受怨恨事件帶來的贈禮。假如柴克・羅斯沒偷我的錢，現在就不會懂得嚴加管控信用卡和銀行帳戶，兒子也不會充分理解偷竊為什麼大錯特錯，明白真正好友與純粹嗜好相同的遊手好閒者有何差異。最重要的一點，假如不是這起事件，我不會學到原來自己寬容那些惡行的人，其實並不恰當。

當你感激起內心怨恨傳達的教訓，很快就會發現自己轉念：「你知道嗎？在某些方面來說，發生這種事也好。」或者，最起碼會想著：「對不起，真希望沒發生這種事。可是我從經驗中獲得以下益處：我現在更堅強、我現在更聰明。」

列出事件帶來的好處

在兩個版本的故事底下，列出該事件帶來的益處，也就是感謝人生有這個怨恨的理由。另外，記仇對象所承受到的全部後果，無論好壞請一律列出。

柴克．羅斯不僅被他媽媽罵得很慘，還可能要湊出將近五百英鎊的錢還給媽媽（他母親先把兒子盜刷的費用還給我，她絕對會要他還這筆錢）。我知道他不久後就去找了一份週末兼差，同時劍橋警方也有他的名字、地址，還有一份我知道他犯下所有罪行的清單。

最後，學習處理殘餘的負面情緒。現在你的怨恨已經處理，準備放進怨恨櫃，紀念那起傷害或惹怒你的事件。當這個怨恨放進櫃子後，依舊會是你心目中的教訓與靈感，而你再也不用緊抓著憤怒或痛苦不放。如果你發現自己還有情緒，有一部分的你如果還是大喊：「可是我好想把他（她）從高樓推下去！」請接受自己擁有這些感覺，只要不付諸行動就行。

你對記仇對象採取的行動，都不該流於殘忍、不公、違法或有破壞性，你想在自家客廳大喊「渾蛋」，請別客氣，那樣會很有趣。我向你保證，最後就不會再這麼做了。關鍵在於你要歡迎並接納負面情緒，讓它想停留多久就多久，這其實是向負面情緒傾注善意和積極，很快就會因為受到激勵而轉向正面，或者自然而然瓦解消失。如果擔心負面情緒轉變得不夠快，極力推薦「情緒釋放技巧」（Emotional Freedom Techniques, EFT）*，安．葛雷尤其是這方面的專業治療師，或者聆聽布魯克．卡斯提歐的 Podcast 節目《人生教練學校》。

恭喜你！現在有了一個處理過的怨恨。如果怨恨的感覺還像是P1，不是P2或P3，請持續閱讀你寫的兩個故事版本，思考你為了處理怨恨做了哪些該做的正確事，哪些已經消失，不須陷入煩惱輪迴。

持續重讀你列出的清單，包含學到的教訓、改善的行為，以及基於感激怨恨發生的理由等，我向你保證，該怨恨快就會脫離P1行列，成為P2或P3。接著，把你剛才寫的故事紙張拿出來（如果是用電腦，請印出來），謹慎摺好，代表怨恨已處理完畢的儀式，正式納入你的收藏（記住，這是記仇之道），放進怨恨櫃裡！

心理治療師懂記仇

記仇之道採用說故事的做法來處理怨恨，等於是把怨恨或痛苦的觸發事件化為故事，最好加點幽默感，這種做法很適合當成以下處理過程的開端：抽離自我、變得更超然、不再過度依附結果、更能釋放過去的痛苦、完全處理當下。你再也不會像從前一樣迷失在內心的情緒裡，也不會一直認同那些負面情緒。並且，你將憑著轉變後的想法與情緒，為你的人際關係帶來改變，這是健康的第一步！

——安・葛雷

現在來談談我最愛的七克拉怨恨，我很愛它，當中包含一些滑稽荒謬的成分。一旦你會開懷大笑某件事有多荒謬，就代表它再也沒有強大的力量能傷害你。

＊屬於能量心理治療體系中的一種，結合中醫經絡穴位按摩與西方能量心理學，能有效解決各種情緒問題。

記仇事件⑧
害怕的家長：懦弱型

二〇一〇年，我搬到劍橋，把小孩送到一家名聲不錯的學校，校長哈莉特很出色，個性親切又聰明，對學校和所有學生都盡心盡力。剛開始她的學校只有五個家庭和十個小孩，至今學校規模已不同以往。

我首次參觀時，學校已經超過兩百位學生。我對哈莉特提出難處：「我家小孩沒辦法立刻上學，因為我們沒注意到轉學必須提早一學期通知，所以目前還要支付學校的學費。」

哈莉特立刻說：「哦，不用擔心！學費可以免繳一學期！」我跟私立學校有過不少往來經驗，從來沒人提議免學費，哈莉特的慷慨令我十分開心，所以小孩立刻轉學。每當我有問題或疑慮，哈莉特總會及時登門拜訪，很快解決問題。

對哈莉特有同感的家庭，不只我們，她對每位學生、家長、老師都是竭盡心力。家庭和職員會加入這間學校，多半是因為哈莉特的敬業精神，還有她所營造出的快樂與充滿鼓勵的環境感動了大家。這些年來，我以駐校作家、家長、有意申請入學的準家長身分到過許多學校，從來沒有一間像哈莉特的學校一樣，瀰漫著特別愉快的氛圍。不過那些已是過去式，中間究竟出了什麼錯？應該是全都出錯！由於這間學校變得很受歡迎，為了打造新實驗室、新建物，哈莉特只好尋找財務夥伴、投資人合作。

有一位投資者來了，急欲注入資金，哈莉特雖然有諮詢法規，但不確定問題是出在法規，還是哈莉特的解讀有出入，或是她太信任那位投資夥伴的說法：「哦，不用擔心，我們還是希望妳來經營學校！」哈莉特以為一切都會很順利，也認定這位事業夥伴很正直。

事與願違，合夥人（此後我會以這名稱來稱呼他們，我向你保證，這比我一開始用的名稱還要禮貌許多）短時間內解僱了哈莉特，換成大家都不認識的校長。哈莉特一夜間消失，她無法跟家長溝通，也無法向學生和她一手創立的學校道別，原因在於合夥人施加在她身上的法律限制，使他們成了學校的主要股東。家長和孩子們都感到心慌意亂，因為合夥人根本不了解哈莉特在學校裡扮演的角色有多關鍵，也不明白她在打造及維繫校園良好風氣上有多重要，甚至根本不在乎我們的想法與需求。

我安排一場家長會議，提議向合夥人解釋我們希望哈莉特回任，每個人都表示贊成。後來，我們再舉辦了一場邀請合夥人出席的會議，我對合夥人說：「哈莉特是這間學校的獨家賣點，所有人都因為她而送孩子到這裡就讀。我們希望她回任，無一例外。

因為我們就是你的顧客，更是你在整個英國的客群。假如我對做生意只懂得一項訣竅，那就是不能拿掉顧客都喜歡的產品賣點，對吧？我其實是想幫你一把，讓你的事業盡可能成功並提高利潤！」

（我非常擅長在必要時刻奉承這些負責人，這是我在當討好別人的「騙子時光」時留下的後遺症。）

合夥人不答應，我不清楚箇中原因，至今還是覺得沒道理。我猜原因可能如下：哈莉特個性強勢，喜歡按照自己的方法做事，合夥人不想跟她協商或妥協。

後來，一位家長看到合夥人公司的成員寫了一篇文章，關於如何完成學校的惡意收購案（我在此改述的）。該篇文章認為大部分的家長很快就會統一陣線，支持新的管理體制，只有一小部分的家長會繼續大發脾氣，因應之道就是向他們表達如果再不安靜下來，就要請他們的小孩離開學校。我幾乎肯定合夥人認為這種情況也會發生在哈莉特的學校，他們認為家長會馬上妥協，很快就能按照自己想法做事。

家長與合夥人的會議失敗後，我另外安排一場家長聚會，共同制定策略。除了有咖啡、茶、餅乾外，還有很棒的計畫，最起碼這是我腦海裡的畫面。

我們全都讀了合夥人寫的〈如何執行學校收購案〉一文。我對家長說：「那些傢伙以為我們只有一小部分的人會起身對抗，以為可以打倒我們，但我們只要站穩立場就行了，每個人都要齊心協力，拒絕把孩子和錢送去給他們，全力抵制，連一張五英鎊的紙鈔、一個小孩都不送去，等到他們讓哈莉特回任才罷休。我們要發起運動，大肆宣傳。我願意從口袋裡掏錢請倫敦頂尖的公關公司在全世界宣傳我們的困境和這項運動。只要堅持立場，我們就會贏。一旦合夥人面臨到學費和顧客全都流失，以及自己的聲譽受損，很快就會屈服並請哈莉特回任。」

我對大約三百人說了這些話，猜猜有多少人附和「對，這想法很好，我們做吧」，我不清楚確切數字，總之不到二十人，我對他們非常感激，更懷有「感激型怨恨」（見第十章）。

其餘兩百八十位害怕的家長所發表的言論，列舉部分如下（內容稍有更改，除了維護隱私，也凸顯其中的滑稽荒謬）：

「我才不要為了抗議就不讓喬卡絲塔上學。她下週有化學課要學離子鍵，不可以錯過。你不認為合夥人會開除化學老師，對吧？我怕他們會。」

「我很想加入，也很認同抗議目標，但大家都知道，我是社會主義革命派*，若是

* 社會主義革命也稱「無產階級」革命，是無產階級領導勞動人民推翻資產階級統治和資本主義制度。

他們知道露琪亞的媽媽是其中一個找麻煩的人，我怕他們會找她的碴，我可能無法冒險加入。」

我說：「對，他們可能會開除化學老師，但他們不能僥倖矇混過去，要是沒有任何反應，他們可能會無所不用其極地逼我們接受，所以才需要抗議，我們的手段可以和平堅定，如果每一個小孩的家長都參加抗議，孩子就不會被找碴，因此『大家團結一致付諸行動』才會這麼重要。」

這顯然說服不了害怕的家長，他們紛紛回應：

「我女兒讀十一年級，她的中等教育普通證書（General Certificate of Secondary Education, GCSE）*該怎麼辦？我不能不讓她上學，如果她考試沒過就再也不能考，最後還可能吸食海洛英，住在橋底下。」

「蘇菲，不要那麼負面，我們給這些新人一個機會吧！即使合夥人試了之後，無法達到我們的期望，或許也能很快證明他們依舊很出色。」

「發起運動要求哈莉特回任，根本沒有意義，因為合夥人已經說過不考慮這件事。為什麼我們發起的運動不去爭取他們可能會提供的權益？比如說，准許我們成立一個有實權的家長會，可以要求學校管理者負起責任。」這個發言讓我想笑，他們可能以為頭髮捲捲的犯罪小說家，提議的計畫很幼稚吧！

我說就算我們想成立家長會，合夥人也會拒絕，因為權力正是他們不願給的。就算他們裝模作樣成立家長會，家長也不會握有實權。最後如我預料，原本認為這種做法有用的家長們全都失望氣憤。他們忙著生氣，卻沒有一個人寄電子郵件給我說，妳當時說的話百分之百正確。

各位，不會有人寫這段話寄給我，一個人也不會。這些沒有回頭說「妳一直都是正確」的人，都值得領一個怨恨類別。

現在，我澈底理解懦弱的意思，我也很軟弱，但程度和頻率不如以往。我以前動不動就做濫好人，所以我真的很懂。但這件事真正讓我惱怒的因素如下：決定參加抗議的人，不會受到重大危害。

家長會碰到的最壞情況就是小孩教育中斷，這有可能只是微不足道的小事，因為劍橋到處都有公私立學校願意臨時接收學生。我是怎麼知道這點的？嗯，是從那些不到二

---

* 中等教育普通證書（General Certificate of Secondary Education, GCSE）為國際認可的學歷證明，現在已融入中學課程裡，以期末考試作為測驗的最終結果。

十人支持我的家長得知。

在沒有達成共識的家長會議結束不久後，學校開始分崩離析，新校長不見蹤影，合夥人接著指派另一名校長接任，隨即就被送進監獄，原因是試圖跟某個不存在的十四歲男孩性交，這是某個誘捕褻童者的義警團體憑空捏造的情節。

自從合夥人接管學校後，許多家長幾乎是帶著孩子立刻轉學，我也是其中之一，其餘家長則陸續離開，所有孩子都找到新學校，沒有因為教育中斷而吸食海洛英，住在橋底下。

哈莉特被解雇當天，那所中學的七年級至十一年級，有一百九十九位學生。在我寫下這則故事時，只剩四十位，財務岌岌可危，下一個學年也許開不了校門。該校最近遭遇的災難是，英文科的教學大綱已經過時，使得那些要考中等教育普通證書的學生到了考場，才發現那些考題都是他們沒讀過的內容。

由於合夥人接管學校時，有很多特教學生。基於特教師資有限和其他現實因素使然，這些學生轉學不易，萬一校方將來肅清叛逆家庭時，這些家長會讓孩子們被開除，以至於很難找到符合他們需求的學校，所以不該對他們記仇。對我們其他人來說，找不到學校的風險相當低，最糟糕的下場就是延後考取中等教育普通證書。

在一間傑出的學校被毀以前，家長們原本可以團結起來，讓哈莉特在幾週內回任，卻因為這些家長心生畏懼，把「堅守我們的立場並保護學校」看成是「惹麻煩」，以致最後放棄抗議。

這則怨恨對我來說最有用也最啟發人心，使我開始對學校、權威人士抱持懷疑，決心看到學校一有不公情形，就起身反抗。那天以後，我教孩子們應該尊重服從要求他們守規矩的人，但前提是這些人不會有失公允。

「害怕的家長」怨恨也給了我一個可以應用的比例原則，能套用在任何一群人身上，我也發明了一個名稱……

找出二十人可以讓你當靠山

每三百人當中，你能真正倚賴的最多只有二十人，他們聰明、忠誠、講理、行為得體，當了解這點後，我鬆了一口氣，不管現在置身多麼龐大的團體，我都會專注找到那二十位優秀的人，不會白費心力對其他人抱有不切實際的期望。

記仇事件⑧：害怕的家長

1. 記仇對象（害怕的家長）的意圖？
   a. 肯定是或很可能是惡意
   b. 也許是惡意
   ⓒ不是惡意——他們試圖保護自己和孩子（一分）
2. 對方知道自己惹哈莉特不開心或傷害哈莉特？
   a. 是，肯定知道
   b. 也許知道
   ⓒ完全不知道——我的回答在此要寬容些，因為他們其實都覺得是合夥人傷害或錯待哈莉特。儘管我們團結起來的力量足以改善現況，但他們不會相信，只會認為自己做的事才是對孩子最好的（一分）
3. 事件發生的嚴重程度？
   ⓐ非常嚴重——學校是哈莉特的畢生志業，也是她一手打造的心血，被迫離開學校使她心碎。原本哈莉特快買房子了，失業後便無法負擔。她的先生本來在學

校教書，因為哈莉特的關係也跟著離開，孩子們除了不得已也要離開喜愛的學校，還要看到爸媽遭受嚴重的壓力與痛苦（三分）

b. 相當嚴重

c. 不太嚴重

4. 對方的行為或言論，對哈利特造成的影響程度？

ⓐ非常糟糕——如前所述（三分）

b. 相當糟糕

c. 不太糟糕

5. 對方是否能更明事理，甚至做得更好？

a. 是

ⓑ或許——家長們因為內心恐懼而無法意識到抗議的最壞情況，沒有想像中那麼糟（二分）

c. 否

6. 對方是否對哈莉特造成實質傷害？

ⓐ是——犯下的是疏忽之罪。他們沒做的事才是造成傷害的主因（三分）

b. 或許

c. 否

7. 該怨恨的「怒吼」係數為何？

ⓐ很高——非常高，比起痛哭者樂團（The Wailing Wailers）的巴布·馬利（Bob Marley）與彼得·陶許（Pete Tosh）兩位成員吸食大麻菸所感受到的輕飄感還高（三分）

b. 中等

c. 很低

8. 你會記仇多久？

ⓐ記仇很久——從二〇一五年九月到現在（三分）

b. 記仇時間長度中等；或者說，記仇一小段時間，但不會永遠記仇

c. 記仇一小段時間

★得分統計：「害怕的家長」怨恨目前拿到十九分。

9. 光是這起事件，足以讓你對這個人或這些人記仇？

ⓐ是——不用扣分

b. 否

10. 假如你的記仇對象沒有做出引發怨恨的行為，你或對方會發生什麼壞事或可怕的事情嗎？

ⓐ否——我在此就沒那麼寬厚了，客觀來說，把小孩轉到另一間學校並不可怕，只不過就是「不得已要做的事」（不用扣分）

b. 是

11. 如果記仇對象全心全意道歉，該怨恨會不會一筆勾銷或終止？

ⓐ否——不用扣分

b. 是

12. 記仇對象是你心目中很重要的人，對方也這麼認為嗎？

a. 是，極為重要

b. 是，相當重要

ⓒ沒有特別重要，所以分數保持不變

★分級結果：「害怕的家長」怨恨獲得十九分，構成七克拉的怨恨。

第 9 章

這些事不值得你耿耿於懷

「在我的想像裡，他在權力名聲的成長幅度，符合我想在他身上施加的懲罰程度。」

——納博科夫（Vladimir Nabokov），俄裔美籍作家

既然前文已探討處理怨恨的方法，現在千萬別浪費時間處理無論再怎麼做，始終都是無緣無故或不好的怨恨，也千萬不要浪費寶貴的怨恨櫃空間，存放你不再需要或無法享受的怨恨。

《希波克拉底誓詞》（*Hippocratic Oath*）*提到：「第一，不造成傷害。」記仇者也應將這項準則對應到記仇之道的守則：**如果內心的怨恨對自己或他人造成傷害或痛苦，應該加以處理或丟棄它**。

良好又處理過的怨恨會減輕痛苦，但如果你正在承受額外的痛苦，程度已超乎該事件所造成的傷害，那就不是良好、處理過的怨恨。如果保有怨恨會讓你想重擊或怒罵記仇對象，那麼就是有毒的，必須處理或拋棄。

採用正確公平的「傷害」定義（第七章提及的原則）：**談論、書寫怨恨，開著跟怨恨有關的玩笑，並不構成傷害**。就以「害怕的家長」來說，至少會有一位家長看到本書後心想：「她怎麼寫出來？這會傷害到我。」但實際上並沒有，我只是根據我們都經歷過的情況表達意見，不只是我，那間學校的其他家長也有權書寫與發表。例如：「我覺得那個頭髮捲捲的推理小說家，完全不切實際又不講理，她試圖對我們發號施令，逼我們加入那愚蠢的抗議活動。」每個人都能談論與書寫自己的經歷，別人也能自由反對，提出另一種版本。根據公平不壓制的「傷害」定義，我們這麼做並未傷到任何人。

一旦確定怨恨並未傷及自己和他人，每一個怨恨想保留多久就多久。如果怨恨櫃已經沒有空間，可以再買或再做一個，不過我們不會放進不好的怨恨，這會玷汙怨恨櫃。

如果記的怨恨是不好或毫無依據的，請不要恐慌，有可能只是需要處理，轉化成良好又健康的怨恨。若非如此，請去了解該怨恨為何無緣無故出現，也許最後會讓你**想要**拋棄它，而不是逼自己要放下。以下是不好與毫無憑據出現的怨恨種類：

史古基型：不可能知道未來的事

名稱源於《小氣財神》（*A Christmas Carol*）** 中的史古基（Ebenezer Scrooge），故事中有代表著過去、現在、未來的三位幽靈造訪史古基，這是針對事件在過去、現在

* 俗稱《醫師誓詞》，是西方醫生行醫前的誓言，希波克拉底是古希臘醫者，被譽為西方「醫學之父」。

** 英國維多利亞時期小說家查爾斯．狄更斯（Charles Dickens）的著作，是流傳最廣的聖誕故事。

或未來可能會形成的模樣。

你改變不了過去與現在，但要你記仇絕不可能知曉的未來會產生很多負面能量。因為你不確定別人未來會怎麼做，為了對方可能永遠不會做的事而去記仇，實在毫無意義又荒謬可笑。

防禦型：沒有充分原因

你很不喜歡某個人，但可能沒有充分原因，也或者理由不值一提。後來對方做了件有點惹人厭的事情，你就順手抓住這件事不放，為記仇找到完美藉口，但只是把內心早已存在的不滿合理化罷了。

有毒型：處理後還會造成傷害和不滿

怨恨經過處理後，還是會對你或他人造成傷害與不滿，那就是有毒的怨恨。

注意：前文在探討處理怨恨的方法時，就算P1怨恨轉化成P2或P3後，還是有可能會殘留一些負面情緒，但時機到了就會消失，這還記得吧？這項原則依舊適用此處，請勿把怨恨事件殘留的負面情緒，以及有毒的感受混為一談，兩者之間的差異如下：

有毒的怨恨會醞釀、鞏固負面感受，並向外宣洩，這就好比傳統故事中，魔法鍋裡的粥源源不斷湧出。你越是想著該怨恨就越是憤怒、痛苦、苦澀，該怨恨彷彿是傷害肇因，兩者無法切割。

良好又處理過的怨恨會與觸發事件殘留的負面情緒共存，但每次你一想到該怨恨，對觸發事件產生的憎恨、不滿、悲慘等感受會逐漸減少並消失。該怨恨與原本的傷害肇因，是可以分割的，因為這其實是一則講述傷害肇因、具有益處或啟發人心的故事。

行動替代型：有馬上解決的方法

若有正確且有效的行動能消除你的怨恨，請立即執行，不要記仇。

案例

「我對菲莉帕記仇。」

「哦，真的嗎？為什麼？」

「因為每次我跟她說要喝點東西，她都給我濃茶，但我超愛喝淡咖啡。」

「哎呀，天啊，那……她是知道還這樣嗎？」

「呃……嗯，不是，她不知道，但她應該要想得到。」

「你從來沒跟她說過？」

「沒有，我假裝喜歡喝濃茶，這樣才有禮貌。」

「那她要怎麼知道你其實想喝淡咖啡？」

「我看起來像是愛喝濃茶的人嗎？呸！」

群體型：沒必要跟團體所有人為仇

除非群體裡的每位成員都犯下惹人惱怒的冒犯言行，否則請勿記仇所有成員，這不公平，是毫無憑據的怨恨。舉例來說，如果某個叫潔米瑪的人曾經戳你眼睛，請不要記仇相同名字的人，大部分的潔米瑪都是無辜的。

有憑有據的群體怨恨，是每位成員都有涉入同樣的不當行徑。舉例來說，我記仇的群體是「無法好好表達讚美或感謝的人們」，這些人就算很愛某樣東西，也覺得很棒，就是無法說出以下的話：「我很愛它，也覺得很棒。」當你送了他們渴望多年的禮物，他們只會盯著禮物，說：「啊！」然後放下禮物，離開。

我的群體怨恨之所以有憑有據，是因為每位成員都真的做出這種行為。

繼承型：來自長輩的怨恨

如果你記仇的唯一理由，是父母和祖父母早在你之前就互相心懷怨恨，使得這個怨恨成了家族成員的標記，那麼它就不是有憑有據的怨恨。你需要的是為自己挑選怨恨，不是繼承家族上一代的恩怨。

舉例來說，自從一九五三年，伯明罕市的羅賓森家做了某件事後，我們納尼頓市的羅賓森家就跟他們毫無瓜葛。但事實上，一九五三年你都還沒出生吧？就算你出生了，這個繼承的怨恨很可能跟你毫無關係，強加在你身上實在不恰當。

代罪羔羊型：把怨氣出在不相干的人身上

對應該心懷怨恨的人，但因為自己太害怕而不敢記仇，因此你會選擇一個有相同行為的無辜人士代替。

案例

譚美很怕溫蒂，因為溫蒂的哥哥全是黑道，偶爾會用球棒打人。所以每當溫蒂沒經過譚美同意就借了她的車，譚美便會一而再、再而三地說服自己「那樣沒關係，根本不用介意」。

有一天，譚美的媽媽費歐娜來看她，不小心碰到譚美的車。譚美不想當個膽小鬼，竟勃然大怒，對媽媽大吼：「不要碰我的車，我再也不想見到妳！」

這顯然是代罪羔羊型的案例，還是有毒的怨恨，記仇之道的夥伴們，我們永遠不該對記仇對象大吼，不是嗎？你還能想出其他可能是無緣無故或不好的怨恨類型嗎？如果有的話，我樂於聽聽你的答案！

現在該來談談我的八克拉怨恨，這算是特例，你很快就會知道這個怨恨為什麼很難分配類型……

記仇事件⑨

美國檢察官：無故攻擊型

我在美國邁阿密（Miami）參加書展，某位檢察官也來參展，他撰寫的是真實犯罪的書，講述他負責的某件知名謀殺案，將有罪的殺人犯求處死刑，但沒成功，最後被判無期徒刑。

我當初撰寫的《你有沒有看到美樂蒂？》（*Did You See Melody?*），是以美國亞利桑那州（State of Arizona）為背景的推理小說，在做背景調查時，讀了不少真實犯罪書籍，這位檢察官的書正好是其中之一，所以我相當清楚他對死刑可能會抱持的觀點，除此之外，我對他算是一無所知。

基於一些理由，我反對死刑，但我知道他贊成。我們在邁阿密的旅館，聊到他最近起訴的一些案件，雖然這時死刑的話題還沒冒出來，但我不由得心想：「他一定覺得我這種反對死刑的人很煩，儘管我不支持，但也不會反駁他。其實，換做是我要去處理他不得不做的那些事，例如經常會見謀殺犯和受害者家屬，也許有一天，我會轉念：『你知道嗎？可能處死犯人終究是正確的。』但我還是覺得自己不會這麼想，因為我期望國法會比氣得想復仇的自己更開明，希望能記住鍾愛美國推理電影《十二怒漢》（*12 Angry Men*）的原因，但人生很難說，我也許做不到。」

這名檢察官很有魅力，也很有趣。某個晚上，他、我、另一位作家坐在酒吧裡，他提起死刑的話題，說我一定是反對死刑，還說假如我是死刑案的陪審員，絕對不會投贊成票。

我有點不高興，他才認識我兩秒鐘就自以為了解我。另外，我也不確定他的意思是不是我只是為了免除死刑，所以不經任何判斷就相信被告很內疚，投了「無罪」票，或者說我投了有罪票，但會盡量朝向有期徒刑而非死刑。不管是哪一種，那位檢察官才認識我四十八小時左右，這段期間我只對他說過我很喜歡他的書，他不能從中猜測出我會在法庭做出什麼決定。

他一直堅持要談這個話題，最後我和另一位作家沒得選擇，只好奉陪。他贊成處死殺人犯，我們反對。在討論期間，我留意到他用各種不公平又卑鄙的方式，臆測我沒說過的話，使我必須解釋：「可是我從來沒提出那個論點，我反對死刑是基於不同的理由……你用什麼論點反對那些理由？」

他會不斷針對我從沒提出的論點去反覆駁斥。我希望他只是善用了卑鄙又操縱人心的用語，不然他負責起訴那麼多攸關生死的案件，思想卻這麼不周密，這點我實在無法忍受。我不贊同他在死刑上的觀點，但我還是愚蠢又天真地認為，那位美國檢察官是個正派的傢伙。記得吧，我讀過他的書也很敬佩，內容講述他如何把危險的殺人犯關進牢裡，所以我當時還是試著相信他這個人。

他突然問我：「妳有小孩嗎？」

「有。」

「男生？女生？」我回答了他。

「妳兒子怎麼叫妳？媽？媽咪？」

「他叫我『媽』。」他又問了一些跟我兒子有關的問題，我也回答了。回想起來，我這麼做實在笨得要命，他接下來要做的事，是任何人都無法預知的。

那位檢察官突然講起故事，我和另一位作家驚恐聽著（他沒事先知會我一聲，也沒做任何解釋，就直接說起故事）。他採用現在式，聲音平靜卻興奮，像是電影預告一樣，那故事是他用想像力描繪出我兒子遭受暴力攻擊的畫面，內容不短，還有對話（我這才知道那位檢察官為何想知道我兒子是怎麼叫我的，因為他知道小孩碰到危險會喊「媽媽」），有寫實的性暴力，有性虐待……所有可怕的事情都包括在內。他把我兒子放進故事裡當受害者，故意用傳神又戲劇化的方式說故事，顯然是故意要讓我想像那種經歷。

我聽到另一位作家在我身邊發出不自在又不贊同的聲音，但檢察官沒有因此要停下來。我說不出話，也動不了，設法專注聆聽，這樣才能記住恐怖的情節，以便之後記錄下來。

最後，檢察官把這則噁心的故事講到了駭人的結尾，然後對我咧嘴笑說：「假如這種事發生在妳兒子身上，妳還是會反對死刑嗎？」

你也許正在猜我會不會把飲料潑在他臉上，我沒有，我面對一個真正可怕的人，本能上就是維持有禮的態度，並保護自己，我禮貌回答：「如果那種事發生在我兒子身上，我會把犯人找出來，親手殺掉。有人傷害我小孩，我就會變得暴力、嗜血。不過，我還是認為法律不應該這樣，我曾經對兒子說，他不一定要去上某節體育課，結果被老師斥責，我寄了電子郵件給學校，你應該讀一下，非常粗暴，我希望法律不會像我那時一樣野蠻。所以，沒錯，我還是反對死刑。天啊！都這個時候，很晚了，我現在要去睡了，晚安。」

我回到房間，關門上鎖以後，開始劇烈發抖。檢察官說的故事是我有生以來，最近似人身攻擊的暴力經驗。我在房裡哭著走來走去，想過要打九一一，因為覺得很熱，像發燒似的，然後又覺得冷，虛弱得站不起來，花了三個小時才冷靜下來。

後來，我上網搜尋那位檢察官，發現他經常在法庭上編造虛構情境，在想像的犯罪事件中，把女性陪審員套入受害者角色的不當言論而受到重大懲戒。

當我知道他經常這樣對待人以後，心想：「他對我說的可怕故事，我要把記得的部分全都寫下來。」萬一有一天，我要向別人證明那有多超越道德底線，才派得上用場。

不過，我很驚訝自己竟然幾乎什麼也記不得。那起事件大約是四、五個小時前發生的，平常我會記得每一個細節，即使是三十年前的談話內容也不會忘，特別是在情緒上留有重大印象的事會記得更牢。然而，檢察官說的故事在我聽完不到六小時，幾乎從腦海裡消失了，我想我的腦袋應該是忍受不了那則故事，覺得不該緊抓不放，於是就直接抹掉。

其實，我現在比以前稍微更反對死刑，就是因為知道有這種檢察官在參與送人赴死的程序。那些罪犯也許都是怪物，但我們要如何確定送罪犯坐上電椅的人，會不會也是某種怪物呢？

記仇事件⑨：美國檢察官

1. 記仇對象（美國檢察官）的意圖？

ⓐ很可能是惡意——他可能是基於某個冠冕堂皇的理由，想倡導他心目中最公正的司法制度，但我的本能反應是他想折磨我，因為他在講故事時，看起來很樂於描述那些令人不快的細節（三分）

b. 也許是惡意

c. 不是惡意

2. 對方知道惹你不開心或傷害到你嗎？

ⓐ是，肯定——知道那是他唯一目的（三分）

b. 也許知道

c. 完全不知道

3. 事件發生的嚴重程度？

a. 非常嚴重

ⓑ相當嚴重——對一個母親講述有關她兒子的暴力故事，很可能會導致創傷後壓

力症候群（PTSD）。我的症狀持續好幾個小時，或許別人會更久（二分）

c. 不太嚴重

4. 對方的行為或言論，對你造成的影響程度？

a. 非常糟糕

ⓑ 相當糟糕——除了出現心理創傷，也突然堅信執法人員可能全是邪惡之人。如果真是如此，那我違法也沒關係吧？這可能會導致英格蘭的劍橋地區到處出現犯罪情形，這位美國檢察官要為此承擔責任（二分）

c. 不太糟糕

5. 對方是否能更明事理，甚至做得更好？

ⓐ 是——那位檢察官是位非常聰明的成年人，也碰過很多可怕的罪犯，所以他應該把「不要表現得像是可怕的人」列在待辦清單的首位（三分）

b. 或許

c. 否

6. 對方是否對你造成實質傷害？

a. 是

b. 或許

ⓒ否——我對這件事要寬厚些，雖然感覺像是攻擊我和兒子，但終究只是故事（一分）

7. 該怨恨的「怒吼」係數為何？

ⓐ很高——超越「怒吼」，是一種充滿恐怖的空虛感（三分）

b. 中等

c. 很低

8. 你會記仇多久？

ⓐ記仇很久——我會記仇一輩子。因為他永遠不會道歉，也很可能一直樂於送人赴死，不在乎對方是否有罪（三分）

b. 記仇時間中等；或者說，記仇一小段時間，但不會是永遠

c. 記仇一小段時間

★得分統計：「美國檢察官」怨恨目前拿到二十分。

9. 光是這起事件，足以讓你對這個人或這些人記仇？

ⓐ是——不用扣分

b. 否

10. 假如你的記仇對象沒有做出引發怨恨的行為，你或對方會發生什麼壞事或可怕的事情嗎？

ⓐ否——不用扣分

b. 是

11. 如果記仇對象全心全意道歉，該怨恨會不會一筆勾銷或終止？

ⓐ否——不用扣分

b. 是

12. 記仇對象是你心目中很重要的人，對方也這麼認為嗎？

a. 是，極為重要

b. 是，相當重要

ⓒ沒有特別重要，所以分數保持不變

★分級結果：「美國檢察官」怨恨最後獲得二十分，構成八克拉的怨恨。

第 10 章

讓怨恨全面改善人生與世界

「你們要靈巧像蛇，馴良像鴿子。你們要防備人。」

—— 耶穌（Jesus），《馬太福音 10.16-17》（Matthew）

有些人肯定也跟我一樣，聽過一些名人每次搭飛機橫越大西洋，就會種一棵樹。管理「怨恨開支」也是基於類似的原則，本章會說明如何**運用「遺忘」、「抵消」、「診療」三大技巧來管理怨恨開支**。只要處理所有的怨恨、去除毫無憑據的怨恨、只保留良好的怨恨，就能思考大局，使怨恨櫃的收支平衡。

大幅提升正向記仇的三方法

記仇之道的宗旨是，讓你的怨恨全面改善人生與世界。為了大幅提升怨恨的正面效益，你可以做以下三件事情：

怨恨也需要替舊換新

每次當你把剛處理過的怨恨放進去時，就要找出一個可以中止的怨恨，也許會有一個你不再喜愛、不再需要、不再覺得有意思、不再覺得有益、不再覺得寶貴的怨恨，如果有的話，請考量自己是否能拋棄並遺忘它。怨恨櫃應定期大掃除，如果架上擺著老舊悶臭的怨恨，沒人會因此受益。你可基於以下理由，理性地擺脫某些怨恨：

- **你覺得記仇對象是真心懷有歉意，他後悔當初做那件事的程度不亞於你。**
- **你確信以後不會再出現那種反應，所以不用再提防記仇對象。**
- **你意識到該怨恨是基於一個有缺陷的前提。**

我對某位朋友懷有強大怨恨長達一年多，因為我習慣什麼事都跟她說，還以為她也是一樣，但她寫了某本書，卻沒跟我提過，我是在書即將出版時，才跟世上其他人一起得知。基於某個愚蠢的理由，我以為她選擇不告訴我是明顯表示她不在乎我。還有一點更糟，我腦補以為她是想特別讓我體會不知道祕密的受傷感。過了一年多，她突然主動專程跑來看我。從這點來看，我先前的推論大錯特錯，她自始至終都很在乎我，只是比我更神祕罷了。因此，我的怨恨櫃裡，現在沒有它了。

根據記仇對象或整體人類而言，不再覺得怨恨有益

剛才舉我朋友和書的例子，同樣適用於此處。我的怨恨沒有啟發人心的部分，因為無論你與對方分享什麼，對方沒有義務要告訴你他不想透露的事。該怨恨帶來的教訓是：你把自己寫的書全都告訴他，不代表他不說自己要出書的事就不是真正的朋友，坦白說兩者間毫無邏輯。

你不再覺得怨恨有趣

當告訴好友某個怨恨故事時，會打呵欠、懶得說，代表該怨恨無法引起共鳴與啟發，應該從怨恨櫃移除。

記仇對象做了美好的事使怨恨抵消

妳記仇某位好友不僅沒請妳參加她的生日派對，竟還邀請你討厭的前夫。這是因為她舉辦的是泳池派對，為了賓客安全才會邀請有救生員執照的前夫。幾年後，這位朋友大費周章，花了不少錢，為妳舉辦最棒的驚喜派對。妳看到她那麼在乎妳，決定放下對她的怨恨。

心理治療師懂記仇

站在心理治療的角度來看，給人第二次機會是好事嗎？如果蘇菲沒有放開心胸，給人彌補的機會，那麼這位經驗豐富的怨恨收藏家，可能會面臨存在主義者說的「把人『物化』」，意即對待別人的態度就好像他是固定不變的物體，而不是有潛力做出意外之事的人類。以第一章麥可的例子來說，如果我們過於死板看待人生，就不會覺得麥可有改變的可能，認為「我必須提防麥可，他就是會……的人」，這時即便他真的改善，可能也察覺不到！

——海倫．艾克頓

前文只是舉了一些可能會使你拋下或放棄怨恨的情境。

感激型怨恨具有正向感染力

擁有怨恨櫃的人，也需要感激型怨恨櫃。感激型怨恨是幸福的故事，是一件觸發良性怨恨的事件，有著正面活躍的情緒感染力，主要是講述某人為你或他人做了件好事，你想要特別記住。**一個感激型怨恨可以抵消一個怨恨（順道一提，反過來就不適用）**，擁有比怨恨更多的感激型怨恨，比較健康。

我的怨恨櫃中，有五種感激型怨恨：

- 我在南非巡迴簽書時，因為筆電被偷再加上保單不理賠偷竊，所以很不開心。南非的出版社突然送了一份驚喜，他們買了一模一樣的新筆電送我！**尤金（Eugene），謝謝你！**
- 在「害怕的家長」故事當中，哈莉特（Harriet）是完美的校長，她讓我的兩個小孩能在傑出的學校免費就讀一學期。**哈莉特，謝謝妳！**
- 我的網站設計師費絲（Faith）自願花數小時，協助我處理行銷事宜，把我需要知道的作家職業商業面全告訴我，徹底轉變我看待自身職業的角度。**費絲，謝**

謝妳！

- 劍橋大學露西卡文迪許學院頒發榮譽院士給我，還在這九年提供劍橋最棒的書房，讓我在寫作時能欣賞美麗的花園。**露西卡文迪許學院，謝謝你！**
- 莎拉．波文（Sarah Cowen）和安妮特．阿米提吉（Annette Armitage）一起幫忙處理我首齣音樂劇的劇本與舞台，這是我有生以來最美好的經驗之一。**莎拉和安妮特，謝謝妳們！**

請盡量把感激型怨恨放入感激型怨恨櫃裡，一旦今天過得不如意、很艱辛，想想自己的感激型怨恨故事，真的會有幫助；請務必使用「感激型怨恨」這個名稱，如果有人質疑你的用語，就向他們解釋感激與怨恨並不矛盾，因為怨恨不是負面、可怕的事情，怨恨只不過就是帶有活躍相關感染力的一種故事，是你想要記住、啟發人心、可帶來改善或有趣的一種故事。

診療潛在的新怨恨

無論怨恨具備多大的吸引力和益處，都不應該未經思索就自動接收，因為不是每一個冒出來的潛在怨恨，都一定要收下，我們有能力拒絕一些冒牌的怨恨。因此，每當新怨恨出現，應該自問：「這個怨恨是否有憑有據又良好？」進一步思考該怨恨替怨恨櫃帶來的新鮮、驚訝與閃亮感，是其他怨恨提供不了的嗎？

如果記仇對象過世或受到懲罰，就該放下嗎？

如果你的記仇對象過世，或者因為他做出記仇行為而被解雇或入監服刑時，就要讓某個怨恨離開怨恨櫃嗎？答案是不一定。

即使記仇對象死亡或缺席，你還是有可能想繼續記仇。對逝者的怨恨不用非得遺忘，很多人還想額外打造感激型怨恨。或者對逝者，產生一種尚未解決問題的新怨恨（通常是自我型怨恨）：**要是當時我能對他們說出生氣的原因就好了。**

基於很多正當理由，我們不告訴對方傷害或惹怒我們的事。但向記仇對象開口說出你的怨恨，是聰明的舉動嗎？總是公開說出你的怨恨，是該做的正確事嗎？我認為這沒有嚴格的規定可循。

我記仇的某位對象曾經對我說：「我們之間還好嗎？因為我覺得自己一直都是你關愛、忠誠的好友。」就算她不是我的好友，就算我們之間不好，就算我跟她共處一室都害怕，我還是會對她說我們之間很好。因為我深信（也許這信念是錯的），她聽到實情會大發脾氣，可能會出現無法解決的公開衝突，這不是我想面對的狀態，因為我確信對方不會公平爭論。

我最大的一個怨恨就是有人會對我的所做所為說三道四。我大半輩子都在承受他人的指點，他們總是隨意就牽扯到我，好像我是他們製作的寵物創意產品，不停地說：「妳應該像這樣，少像那樣，做更多那樣，那裡少點這樣……」沒完沒了，怪不得我不想講記仇對象做過的怨恨行為。

如果你的記仇對象因為做了怨恨行為而受到懲處，無論是法律制裁還是因果報應，你將發現對他們的怨恨會開始消失，也或許那怨恨的相關活躍感染力還是一樣強。請跟隨你的本能，你將更清楚內心的怨恨是存在還是已經放下。

現在來談談我的九克拉怨恨，這個故事發生時，我自己都覺得難以置信……

記仇事件⑩

忽視大消息：無禮型

二〇一二年，我在英國柯茲窩（Cotswolds）買了一間度假屋，是第三章的「越線型怨恨」提到的房子。認識我的人多半都知道我和先生住在市區，想找鄉下隱居已經很久，但一直沒看到合適的住所，越找越是心灰意冷，就在這時，有一間很符合我們需求的屋子出現，於是我們直接出了價，對方也接受了。

當我們下訂完房子後，剛好有兩位好友到家裡吃晚餐，姑且稱他們為芙蘿拉和卡爾。我們宣布這項好消息時，還用了「鏘鏘鏘鏘！我們有事情要跟你們說！」的那種語氣，他們能夠知道我的興奮程度。芙蘿拉的回應如我所料：「哦，太好了！妳有照片嗎？」反觀卡爾一言不發。當他聽到「我們買了度假屋」，表情立刻大變，完全不想參與話題。他望向別處，拿起報紙，開始裝模作樣迅速翻閱。

我一邊回答芙蘿拉的問題一邊展示房子照片，同時也會看向卡爾，想讓他一同加入對話，但他一直盯著報紙，沒有迎向我的目光，甚至視線還越過我的腦袋看向在我身後的孩子，語氣略帶不滿地低聲問女兒，「學校怎麼樣？」問我兒子，「你有沒有看星期六的足球賽？」

芙蘿拉、先生和我全都敏銳察覺到卡爾的古怪，當話題不再圍繞新房子後，他才重新加入對話、正常聊天，彷彿若無其事一般。後來芙蘿拉問他為什麼表現怪異，還鉅細靡遺描述他的行為時，他直接否認，說自己有參與對話，也有表現出關心的樣子。

我先在這裡補充，卡爾不是因為買不起度假屋而心生嫉妒，他很有錢，甚至還能買下比我們更華麗的度假屋，那為什麼他聽到買房消息，反應會這麼冷淡？我跟我先生、芙蘿拉做了以下推測：

1. 卡爾想控制我和我先生，但失敗了。他希望我們做出重大決定前，應該先向他諮詢，而不是成了事實才告知。

2. 卡爾感到受傷。他把我們當做至親好友，認為我們會跟他討論買房大事，邀請他一起看房，但事實不如他的期望。

3. 卡爾總是過度擔心，喜歡往壞處想，認為我們買房太衝動，還不喜歡我公布消息時帶著「喜歡就買」的浮誇語氣，但我本性樂觀、隨遇而安，剛好與卡爾相反。

4. 卡爾本來就對房市議題不感興趣，所以不管是誰買房，話題圍繞著無聊的舊房子打轉一小時，他都會感到無趣而生氣。

5. 卡爾覺得自己比較重要，應該先被單獨告知，卻發現自己同時與芙蘿拉得知消息，所以很生氣。

雖然我跟卡爾再次見面時，他問了房子的事，也抱持正面看法，但我還是不想忘掉他當時的反應，畢竟我們一生歷經特別的日子與好消息不多，對於「碰巧」毀掉這些場合的人，我必須當心點。

記仇事件⑩：忽視大消息

1. 記仇對象（卡爾）的意圖？

ⓐ肯定是或很可能是惡意——當你關心的人有了好消息卻回避討論，不僅失禮，還像個討厭鬼（三分）

b. 也許是惡意

c. 不是惡意

2. 對方知道惹你不開心或傷害到你嗎？

ⓐ是，肯定知道——見前文答案。我認為卡爾不表達關心、不發言、不道賀，是故意懲罰我（三分）

b. 也許知道

c. 完全不知道

3. 事件發生的嚴重程度？

a. 非常嚴重

ⓑ相當嚴重——我是用這種角度看這件事：「嗯，我沒有發生不好的事，所以不

算嚴重。」但當對方得知你的好消息時，卻面無表情、反應冷漠，很可能會嚴重損害彼此關係。從這起事件證明，卡爾沒有真心為我著想（二分）

c. 不太嚴重

4. 對方的行為或言論，對你造成的影響程度？

a. 非常糟糕

b. 相當糟糕

ⓒ不太糟糕——我早就懷疑卡爾自認為有對人使壞的權力，好在我寬容豁達，否則情況可能更糟糕（一分）

5. 對方是否能更明事理，甚至做得更好？

ⓐ是——多年來，卡爾一直有個責任重大、需要面對公眾的工作，他理應能夠區別無理取鬧與禮貌、文明、關心他人間的行為差異（三分）

b. 或許

c. 否

6. 對方是否對你造成實質傷害？

a. 是

b. 或許

ⓒ否（一分）

7. 該怨恨的「怒吼」係數為何？

ⓐ很高——這種小心眼的愚蠢行為，「怒吼」係數很高（三分）

b. 中等

c. 很低

8. 你會記仇多久？

ⓐ記仇很久——從二〇一二年到現在（三分）

b. 記仇時間中等；或者說，記仇一小段時間，但不會是永遠

c. 記仇一小段時間

★得分統計：「忽視大消息」怨恨目前拿到十九分。

9. 光是這起事件，足以讓你對這個人或這些人記仇？

ⓐ是——不用扣分

b. 否

10. 假如你的記仇對象沒有做出引發怨恨的行為，你或對方會發生什麼壞事或可怕的

事情嗎？

ⓐ否——不用扣分

b. 是

11. 如果記仇對象全心全意道歉，該怨恨會不會一筆勾銷或終止？

ⓐ否——我始終想記住這點，一旦卡爾下次不耐煩，很可能會再次抹殺、否定我的好消息（不用扣分）

b. 是

12. 記仇對象是你心目中很重要的人，對方也這麼認為嗎？

a. 是，極為重要

ⓑ是，相當重要——我在他眼裡十分重要，但假如他沒經常惹惱我，能為自己的行為負責，那我也會重視他（二分）

c. 沒有特別重要

★分級結果：「忽視大消息」怨恨最後獲得二十一分，構成九克拉的怨恨。

第 11 章

換位思考，成為負責的記仇者

「人無善惡，善惡存乎爾心。」

——佛陀

如果想成為心理治療師，最重要的培訓環節就是先療癒自己，才能治療別人。原因其實很簡單：**務必從個人經驗中，體會到對方的真正感受**。記仇也是同樣道理，因此認真踏上記仇之道的人都需要理解一點，**記仇者同時也是被記仇的對象**。或許你的確有可能不是別人的記仇對象，但這種機率很低，除非你是一週前才出生。

消除別人對你的怨恨

當自己常能換位思考，想著被記仇時的感受，就比較容易成為負責的記仇者。我們可以進一步設想自己在哪些情況下，會渴望消除他人有關你自己的怨恨？或者是否能採取行動，解決自己被記仇的事件？

在此列出必須採取的行動：

1. **接受事實**：我們記仇別人，別人也同樣有權記仇自己。
2. **行為表現盡量別讓他人感到生氣或痛苦，以防被記仇**。這原則不適用以下情況：

我們完全合理的行為，卻引發他人無理的憤怒；或者他人自找的痛苦，卻胡亂怪罪我們。舉例如下：

不要做的事：走向陌生人說：「你的膚色是我這些年來見過最嚇人的，怎麼不待在家？不然就是頭上罩著袋子再出門。」

可以做的事：伊梵不喜歡安娜貝爾，認為你應該只跟她打網球，但星期五下午你跟安娜貝爾有約打網球，即使伊梵會難過，你還是會赴約。

3. **如果你意識到自己對某人很惡劣，請盡速修正**。例如：向對方道歉，買一條漂亮圍巾送對方，或請對方喝一杯雞尾酒，證明你在乎他，表達對他造成的傷害與難受感到抱歉。

4. **接受事實**：你道了歉，改正不好的行為，盡你所能彌補後，對方若還是想記仇，要尊重他的決定。

5. **接受事實**：就算你道歉或修正行為，對方還是記仇也不須擔心，要知道你無法控制別人的想法或感受。

6. **接受事實**：不管是三個人、二十人，還是兩百個人對你記仇，不代表你不好。就如同下次選舉，如果我宣布要投票給某個政黨，那麼另一個黨派的數萬名支持者都會對我記仇。

在這世上，即使你盡本分做事，還是有可能成為他人怨恨故事中的主角。即使你什麼都不做，躲在家裡，同樣還是會遭到他人記仇：「那個傻瓜躲在家裡一整天，跟她當鄰居實在是悶死人。我對她記仇是因為她不搬走，只要她離開，就不必再見到那嚇人又悲慘的臉。」既然如此，不妨享受人生，盡自己所能（負責任地）做想做的事。

正視、接受他人對你的怨恨

如果我的記仇之道正式授課，提供了課程與證書，那我會堅持所有受訓者列舉別人對自己有哪些怨恨。以下是我被他人記仇的四個案例：

工作不認真被主管記仇

前上司認為我是爛員工，到現在還對我記仇，因為我一直聽到有人說，她阻止別人看我的書，還氣我在某個小角色上用了她的姓氏，認為我是故意的。但其實我是覺得這個姓氏很特別！

在這位上司接手前，我原先在另一位主管底下做事，那時的確做得很差，有八〇%都是我的錯，所以我承認自己就是爛員工。但其實我根本不想做這份工作，主要是看在某位朋友的面子才接下，再加上對方那時說：「這是兼職，一個月頂多去一天。」

但進去後才發現，主管希望我每週要有一半的時間去公司，我不想也做不到。不公平的是，同時期的另一名新同事卻享有特殊待遇，其中之一就是沒被要求每週空出一半時間去上班。儘管主管逼我接受這不平等的條件，但我沒有辭職而是繼續待著，懶散又不滿地做著那份工作好幾年，這是我的錯，因為我是惡意留下的。

後來，這位主管走了，姓氏很獨特的新上司來了。我和另一位同事做著相同的工作，卻不曾拿我與另一名同事比較，也不會要求我每週抽出一半時間上班。當我向某位參觀公司的訪客提出聰明又挑釁的問題時，她也不像前任主管用極度傲慢的語氣對我說：「妳還真勇敢耶！」這位姓氏獨特的上司，個性很好，我對她沒有任何成見，促使我更認真工作。

在姓氏獨特的上司管理期間，我休了第二次產假，假期還沒結束，同事就聯絡我，拜託我提早銷假回去上班，因為有一項她不喜歡卻必須要做的任務，卻是我最愛且能輕鬆上手的工作，我答應中斷產假，條件是我不必做其他事。她、我和姓氏獨特的上司開了會，上司也立刻同意。

就在我完成這項任務的幾週後，收到一封充滿惡意的電子郵件，姓氏獨特的上司嚴厲指責我沒去做另一件事。我回信寫道：我還在休產假，只答應中斷休假做這一件事，記得吧？但姓氏獨特的上司竟對我說，她不記得有這件事，以為我在說謊騙她，幸好與會的同事出面解釋。但姓氏獨特的上司非常失禮，沒有道歉，也不承認自己出錯，彷彿是不得已接受我和同事的說法。我想她至今仍在記仇我沒做她指派的事。

不過，我覺得沒關係，如果她想往壞處想，認為我很差勁，在書裡用了她的姓氏是為了氣她，我全都接受。對於這個以我為記仇對象的怨恨，我不會採取任何動作，但同時我也對這件事記仇，對象就是那位姓氏獨特的上司，我學到的教訓是：對方如果沒錯也沒說謊，就不要誤會他，因為實情有可能跟你所想的相反，放下那顆會妨礙你做出正確決策的自尊心，試著去相信對方。

從那之後，我很快又變回壞員工。公司有一項規定，大樓門外的廣場不能停車，唯獨計程車可以暫停，但必須通報管理室升起柵欄，才能通過。在那場產假混戰後，我只要開車去公司，就會行駛到柵欄前方，朝著對講機說：「姓氏獨特的博士要搭計程車進公司。」一等柵欄升起後，我就開進去，停在廣場一整天。

最後我還是被抓到了，剛好是我在這裡上班的最後一天。現在我偶爾會想，姓氏獨特的上司會不會搭計程車進公司都遲到，畢竟負責升起柵欄的員工後來變得疑神疑鬼。對於這個以我為記仇對象的怨恨，我需要採取任何行動嗎？不需要，我只要記住以下教訓：

1. 可以做最好的設想，就不要做最壞的。
2. 一開始不想做的工作，千萬不要接受，也不要故意留下；既然接下了，就要盡心盡力完成。姓氏獨特的上司之所以把我想得很壞，其中一個原因是我原本的主管對她說我是個懶惰的廢物，這全是我的錯，因為我當時確實很不認真。

刻意不回電，讓朋友失望

住在加拿大多倫多（Toronto）的諾瑪很想打電話找我聊天，她打了兩次室內電話，剛好我都不在，於是她透過其他人，也就是奧莉薇傳訊息給我，請我回電給她。奧莉薇說：「妳一定要打電話給諾瑪，她真的很想跟妳聊。」

但當時我並不想，因為兩天前，我剛結束一段人生中短暫卻非常痛苦的時期，這個創傷也同時影響諾瑪，她聯絡我就是想談這件事，我婉拒：「也許以後吧！總之不是現在，畢竟那件事才剛過。」

我沒聯絡諾瑪，但奧莉薇一直嘮叨著要我回電，我則含糊帶過。儘管我還是沒有聯繫，但寄了一張漂亮的卡片給諾瑪，表示我滿滿的關愛和溫暖的友誼，希望她一切都好，我還附上禮物，讓她了解我不是惡意不回電。

然而，奧莉薇對我不聯絡諾瑪很不認同。但事實上，我不一定有回電給諾瑪的責任，奧莉薇至今可能還認為我很「失禮」，也對我記仇讓諾瑪失望的事。

有關這個怨恨，我不需要採取任何動作，因為我對於自己處理諾瑪的方式感到滿意。假如當時我更堅強，也許會把諾瑪的需求放在我的之前，但當時就是太脆弱，以致於當下無法跟她深談。

雖然我也能解釋給奧莉薇聽，但有可能還是白費脣舌，原因如下：奧莉薇是濫好人。不過對於她會開口說「沒回電給諾瑪是很失禮的事」，讓我很訝異。我猜想那是她人生中，首度公開批評某個人。

我想我若嘗試向奧莉薇解釋原因，她肯定會說：「哦，當然了，是，我相當了解，是，妳完全沒錯。」但我還是無法得知，她認為我行為失禮的怨恨是否還在她的怨恨櫃裡，所以無論我怎麼做，對這起怨恨毫無幫助。

在感情中造成對方的二度傷害

為了跟我喜歡的克里斯約會，我向男友賽門提出分手，讓賽門崩潰了。幾個月後（克里斯其實很怪，當時我已經跟他分手），我在附近的酒館碰到賽門，他顯然還沒從我們的分手創傷中走出來，所以我決定試試我們之中誰比較不幸。

我詳細對他描述克里斯對我有多差，我想自己很可能是內疚的關係，想向賽門證明自己的處境也很糟，但在我造成他的痛苦後還這樣對他，實在很不體貼。我現在能採取的行動就是道歉。賽門，對不起。我在網路上搜尋你好多遍，想向你好好道歉，但有數十億人的姓氏跟你一樣，所以我找不到你。

與朋友的立場不同而被討厭

賽斯站在我的廚房，朝我大吼大叫。

「如果我就在妳的面前，開槍射某個人的腦袋，然後對妳說，我才沒有把那個人射死，妳會怎麼說？妳會說：『哦，那好，我想我們對這個情況有不同觀點。』還是會說：『你騙人，我剛才看到你開槍射死他。』」當時我正在廚房做晚餐給賽斯，他生氣大吼說這段話只是比喻，並不是真實的殺人情況。

我先生在樓上工作，被怒吼聲打斷，下樓來到廚房門外的走廊。賽斯看到他，馬上停止大吼，轉頭對他微笑，用友善又輕鬆的語調說：「哦，嗨，丹！對不起，我等一下再去找你聊天。」我先生對他突然轉變的態度感到困惑，接著又走回樓上書房。看到我先生一離開，賽斯又開始火冒三丈地罵我。這是因為賽斯對我記仇一件事。

賽斯有個女性友人叫崔克西。數週前，賽斯對我說，他打算對崔克西下最後通牒。

他們有個共同熟識的友人叫拉菲克，拉菲克曾經是賽斯的好友，但後來兩人交情變淡，是因為多年前，賽斯、崔克西、拉菲克三人對共同經歷的事件抱持不同看法。

拉菲克認為賽斯和其他人（不包括崔克西）對自己不公平，傷害了自己。賽斯則認為，拉菲克對那件事的說法是徹頭徹尾的謊言，又誹謗他人，因為不願接受，就跟拉菲克絕交了。

有幾年的時間，賽斯認為自己跟他斷絕聯絡就夠了，但崔克西並沒對拉菲克採取任何行動，這讓他感到心煩。所以賽斯才會對我說，他想舉辦「重要聚會」，打算對崔克西下最後通牒，希望她對拉菲克說，她贊同賽斯的意見，要求拉菲克撤回他對那件事的說法，畢竟那是謊言；要不然，他會把崔克西視為不忠叛徒，兩人的友誼很可能畫下句點。

我說：「賽斯，我支持你，是希望你快樂，不要把不必要的困境帶到人生，因為我們對別人的看法，不一定會得到其他人認同。但你要求崔克西去做她不願意做的事，只是為了堅持向你證明『忠誠』，我覺得這很不合理。儘管她認為拉菲克對那件事的看法有誤解，但她也接受這種不同觀點，老實說崔克西沒有背叛你。」

賽斯完全不理我，他的雙眼失去溫暖、變得僵硬，嘴巴也緊閉著。試想，假如坐在我對面的人，一週前偷走我存了一輩子的存款，或放火燒我的寵物兔，我會表現出什麼行為？那就是賽斯的表現，他明白我不會如他期望的熱烈贊同他威脅崔克西，所以乾脆翻臉。

我試著勸賽斯，但他一直生氣又冷淡，後來我們就互相道別離開了。

隔天，賽斯的另一位朋友打電話給我，問我能不能聯絡他，因為他很不滿意我的表現。雖然我疑惑他怎麼不直接聯絡我而是我要打給他，但我還是主動聯繫了。

起初賽斯語氣還算開心，接下來則越來越生氣，因為他意識到我打去不是道歉，也不是認同他的最後通牒計畫，我想假如我第一次跟他說出我對那件事的看法，他可能還不認為我背叛他，但我現在的建言肯定讓他覺得我辜負他，並因此對我記恨。

他不理會我的建議，依舊要求崔克西對拉菲克表態。崔克西因為想安撫他，就同意寫信給拉菲克。賽斯是在大吼的那晚，把那封信帶給我看。信中詳細描述那件事，結尾大意是說：「我知道你理解的事實跟我不一樣，我對此深感遺憾，但我認為不同的人對同一件事的看法，可能截然不同。」

賽斯問我有什麼想法，我說：「你應該高興了吧！你要求她採取行動，她為了證明在乎你也照做了。她在信中清楚描述她目睹的情況，每個細節都符合你對那些事的看法。」此時賽斯開始朝我大吼，甚至還一度說我就是明明看到有人被射殺，還矢口否認的人。

我這輩子不時感到後悔，竟然任由他在我家廚房大吼，在我家客廳罵髒話、發脾氣，在我家走廊出言侮辱，在我家洗衣間做出心理威嚇，在我女兒臥室橫行霸道，在我家後院一臉鄙夷，而我卻一直試圖說服賽斯要講理，還做了晚餐給他吃，一整晚都對他保持友善禮貌的態度。

假如時間重來，我會說：「如果你跟我說話做不到禮貌尊重，我就要請你離開。」嗯，也許吧！我可能還是太濫好人，所以做不到。要是賽斯能來我家，在溫室裡生氣罵我，讓我試試看自己的能耐就好了。可惜這已經不可能，因為賽斯幾年前去世了，況且我家也沒溫室。

賽斯對我記仇的這件事，我再也無法採取任何行動。但假如賽斯還活著，除非我看到他承認那些與他觀點不同的人並不一定是敵人，否則絕對不會向他道歉，也不會再試著跟他討論那件事。

以記仇程度來說，我的「廚房裡的吼叫」怨恨，勝過了賽斯的「蘇菲不贊同我」怨恨，那是緊繃的怨恨僵局，始自賽斯在我家廚房對我大吼的那天，終止於他去世的那天，我的怨恨也隨之擱淺，沒有記仇的敵手可以迎戰。

在自稱是負責的記仇者以前，必須先思考哪些怨恨是以你為記仇對象，並且全數列舉出來，如果你認為自己不當傷害到他人，請評估有沒有哪些行為與言語是你可以彌補的。如果有該做的事與該說的話就去執行，如果沒有就代表你認為記仇者依舊是錯的，可以不用採取行動。

對於你的每個「我是記仇對象」的故事，請自問：「記仇者覺得被你冒犯或傷害時，他的感受是正確的嗎？為什麼當時你會這麼做？你以後還會這麼做嗎？你現在可能會如何修正？你願意試著改正嗎？你願意接受對方拒絕你的彌補嗎？」在此要了解最重要的一點，如果記仇者拒絕我們的道歉，但你為了讓自己心裡好過而強迫對方接受，可能會引發新的記仇事件。

當完成「我是記仇對象」的列舉事件和問答練習後，注意力就能再度回到你所記住的怨恨上……

從記仇中學到教訓，塑造更好的自己

1. 你的怨恨不該對自己、對他人造成進一步的傷害。
2. 你的記仇目的應該一律是要減少對你自己、對這世上的傷害，促進公正、智慧與滿意度。
3. 有復仇的幻想沒關係，但實際的復仇絕對不行。
4. 在自家私下大喊「討厭鬼」，讓自己高興、發洩怒氣，這種做法無傷大雅。但喊到記仇對象都能聽到，或從別人傳到對方耳裡，就不妥當了。
5. 每隔一段時間，讓你的怨恨「訴請」離開怨恨櫃，就此中止。

人生本來就會包含一些怨恨故事，它也是情緒史的重要部分。我們應該尊重怨恨故事並從中學到的教訓，進而塑造出更好的自己。

心理治療師懂記仇

當今的存在主義哲學家與存在治療學派領袖尚——保羅．沙特（Jean-Paul Sartre）認為，我們身為人類的工作就是揭露並釐清自己的「基本專案」*，亦可稱為「共同的根基」，我們會依此根基做出選擇並塑造出獨特的人生。蘇菲的怨恨櫃結合同理心，可說是為達此一目標的手段，使她能逐一翻看每個怨恨，理解是什麼統合了她對自己、對個人世界的信念，是什麼左右了選擇她在這世上的存在方式。蘇菲的「基本專案」有一部分是，樂於接納她關愛的人們，但記仇讓她想起了自己想過的生活方式，肯定了她的自我建構，意即她想成為自己理想中的人。

——海倫．艾克頓

人類都會有負面、毫無價值、缺乏榮譽、具破壞性的感覺與想法，並且全都會感到憤怒痛苦，但若試圖掩飾或粉飾內心的負面情緒，反而什麼也得不到，還會進一步引發問題。只要依循記仇之道的原則，負責任地維護怨恨櫃，那麼大部分的人生與關係就能保持正面積極。若此時還是認為不應該記仇，請翻回本書的開頭，再讀一遍。

既然前文已詳細解釋如何記住大恨、邁向更快樂的人生，現在來談談我保留到最後的十克拉怨恨。

記仇事件⑪

門前詛咒人：不公正型

我很喜歡十六歲的侄女譚雅，她跟喬丹在交往，兩人彼此相愛。他們讀同一間學校，交往了七個月，但她從來沒被邀請去男方家，只要喬丹的家長打電話給他，如果兩人剛好在一起，喬丹就會離開房間講電話。譚雅猜想，喬丹也許是在隱瞞他某些方面的家庭生活，雖然詢問過很多遍，但他再三保證自己的父母同意兩人交往。

---

* 基本專案（fundamental project）是建構理想自我的計畫，因此自由必不可少，否則我們無法確定自己是誰。

有一天，兩人待在譚雅家，門鈴響了，譚雅的母親看到一男一女站在門口。從他們的衣著來看，譚雅的母親知道他們是某個宗教信徒，果然門一打開，喬丹的母親就說他們是該宗教的信徒，譚雅母親曾有耳聞並認為那宗教危險又專制。

此時，喬丹的母親開始激動得大吼大叫，說他們宗教不准交男女朋友，信徒不准和外部的人有任何關係，即使交朋友也是禁止。譚雅和喬丹聽到叫罵聲，一起現身，此時喬丹母親對譚雅大吼：「不准毀掉我兒子的人生！」

譚雅的母親設法向他們解釋兩個年輕人很相愛，勸他們試著讓兩人交往。喬丹母親一聽到這番話，幾乎歇斯底里起來，她轉向喬丹怒吼：「喬丹，我恨你！與其讓你跟這女的交往，你倒不如死了，我還比較開心！」她大吼這些話時，喬丹和他父親看起來並不驚訝，顯然他們不覺得她的想法和言語是不能接受的。

喬丹母親在陌生人的家門前，大聲咒罵兒子去死，喬丹也沒有勇氣出言頂撞，所以譚雅沒得選擇，只能接受分手。不過她馬上就原諒喬丹說謊的事，這是因為他只能對這世界、對自己假裝跟其他青少年一樣，能自由選擇朋友和戀愛對象。

雖然喬丹和譚雅還是每天偷偷傳訊息，但相愛的兩人永遠無法公開交往，因為喬丹的父母寧願謹遵宗教規範，也不在乎兒子的自由和幸福。

記仇事件⑪：門前詛咒人

1. 記仇對象（喬丹家長）的意圖？

ⓐ肯定是惡意——他們打算強迫喬丹結束這段幸福關係，不讓他享有自由的基本人權（三分）

b. 也許是惡意

c. 不是惡意

2. 對方知道自己惹喬丹不開心、傷害並不公平對待喬丹嗎？

ⓐ是，肯定知道——他們不在乎。在他們的眼裡，宗教規範比較重要（三分）

b. 也許知道

c. 完全不知道

3. 事件發生的嚴重程度？

ⓐ非常嚴重——為了破壞一段感情而去威脅他人，已經違背了基本人權與人性尊嚴（三分）

b. 相當嚴重

c. 不太嚴重

4. 對方的行為或言論，對喬丹和譚雅造成的影響程度？

ⓐ 非常糟糕——從機會成本來看是如此。萬一譚雅和喬丹原本會過著永遠幸福的生活，甚至結婚、生小孩呢（三分）

b. 相當糟糕

c. 不糟糕

5. 對方是否能更明事理，甚至做得更好？

a. 是（三分）

b. 或許

c. 否

6. 他們是否造成實質傷害？

ⓐ 是——他們強迫並剝奪對方的基本自由，那是人對人最嚴重的傷害（三分）

b. 或許

c. 否

7. 該怨恨的「怒吼」係數為何？

ⓐ 很高——其實是高得不得了。試想，英國知名龐克樂團貝斯手席德．維瑟斯

（Sid Vicious）注射大量海洛因，再加上美國創作歌手吉姆．莫里森（Jim Morrison）大量濫用藥物，那種高茫狀態，都還比不上這個怨恨的「怒吼」係數（三分）

b. 中等

c. 很低

8. 你會記仇多久？

ⓐ我會一輩子記住這個怨恨，還會帶著它到下輩子。（三分）

b. 記仇時間長度中等；或者說，記仇一小段時間，但不會永遠。

c. 記仇一小段時間。

★得分統計：「門前詛咒人」怨恨目前拿到二十四分。

9. 光是這起事件，足以讓你對這個人或這些人記仇？

ⓐ是——不用扣分

b. 否

10. 假如你的記仇對象沒有做出引發怨恨的行為，你或對方會發生什麼壞事或可怕的

事情嗎？

a. 否

ⓑ 是——在他們眼裡，這段關係要是繼續下去，上帝會批評且可能會懲罰他們和譚雅。（所以扣一分）

11. 如果記仇對象全心全意道歉，該怨恨會不會一筆勾銷或終止？

a. 否

ⓑ 是——如果他們恍然大悟，脫離宗教，並且對譚雅和喬丹來說不會太遲（所以扣一分）

12. 記仇對象是你心目中很重要的人，對方也這麼認為嗎？

ⓐ 對喬丹來說，父母的重要性，已經到了母親在他人門前威脅並詛咒兒子，也不會反抗的程度，甚至足以讓他放棄自己所愛的女孩與這段幸福關係（加四分）

b. 是，相當重要

c. 沒有特別重要

★分級結果：「門前詛咒人」怨恨最後獲得二十六分，構成十克拉的怨恨。

第 12 章

正向記仇，實現私人的正義

「你的話一毛不值，再開口就是騙子。」

——《終成眷屬》（*All's Well That Ends Well*），

莎士比亞（William Shakespeare）

現在來看看大家為了本書，好心寄給我的那些怨恨。我收到數以百計的內容，可惜沒辦法全都收錄，在此精選我最愛的幾則怨恨：

我在雨中排隊好幾個小時，等著看新的詹姆斯．龐德電影，終於到了售票處，卻被告知票已售完。那天以後，我對詹姆斯．龐德電影記仇，再也不去看了。

§

生物老師錯誤糾正我有關雙胞胎指紋的理解，即便這件事已經過去將近七年，我還是很討厭她，因為她堅持雙胞胎的指紋一模一樣，這根本不可能！

§

我爸有一次太早被救世軍*銅管樂團吵醒，很不高興，對救世軍記仇幾十年，也許到死之前都還會記仇。

§

身為兒童作家，我很記仇《怪獸古肥羅》（*The Gruffalo*），不是記仇作家或插畫家，而是記仇怪獸古肥羅。牠有著糟糕的牙齒、糟糕的下巴，還對其他兒童繪本的銷售造成糟糕的影響。

§

多年前，一名生性怯弱的年輕男子常來我們的工作場所，三名女員工決定捉弄他，就把他關在女廁。我過了好一會兒才得知這件事，於是去救他，因為他不曉得是哪三個女人關住他，竟然投訴我，要我該負責！那三個人始終都沒承認，而我被訓誡，我永遠也不會原諒她們。

§

我記仇的對象是連續兩年在學校耶誕劇擔任女主角的學生。拜託！就算她有玫瑰花蕾般的嘴唇，四十五年後，我還是看不起她！

---

* 救世軍（The Salvation Army），是基督新教中一個從事傳教與社會服務的組織。

§

某個男人拒絕了我在學院課程的申請，理由是有小孩的女人無法修完這堂課。對方的否定使我退縮，大約三年都沒再申請（不過，我後來去上更好的課程，也非常樂在其中）。幾年後，我在街上碰到這位男人，我曾經發誓要揍他鼻子，但發現他原來是個瘦弱矮小的男人，就不值得我這麼麻煩了！

§

多年來，我一直記仇某個同業，因為對方在某次活動中冷落我，推動我必須將工作做得更好，證明自己比他厲害。

§

我是作家，某次有人對我說，我在致謝頁上（書裡這些頁面是我親自感謝那些幫過我，還有我很感激的人），感謝人們的順序有誤。因為某位宣傳助理排在更資深的宣傳和行銷人員前面，因此編輯把自認有益的建議寄給我，上面寫著：「你難道不該先感謝安娜貝爾，再感謝貝夫？」我是膽小鬼，所以回信：「哦，是，當然！」然後做出調整，我很氣那位編輯插手我的致謝頁內容，那是書中唯一一頁應該按照作家意思編排的，我也很氣自己同意調整順序。真希望我當初這樣說：「我會按照自己的順序去感謝人，誰要是氣自己排在位階低的人後面，就給我滾開。」

§

一九九四年，我墮胎的前一晚，好友為了安慰我，到我和男友同居的家裡住。嚴格來說，我和男友已經分手了，懷孕是一夜情的結果。結果我凌晨醒來上廁所，聽到隔壁房間傳來前男友和我好友親熱的聲音。儘管有誤會，但我們還是好友，後來她跟我前男友交往了一陣子，卻常打電話問我該怎麼跟他相處。說來奇怪，這就是我無法原諒她的地方。

§

小時候，我爸媽常說我胖，雖然我是屬於不瘦也不胖的結實身材，但我仍然對他們的話深信不疑。到了青少年時期，我的體重開始增加，其實是變胖了，卻從來沒想過要減肥，因為說到底，這都要拜我爸媽所賜，他們讓我覺得自己是個胖子，害我失去維持身材的自覺。

§

幾乎每次見到朋友吉妮，她都會說：「哦，我最好不要吃巧克力餅乾或蛋糕……理查老是說，我要是體重超過五十七公斤，他就要跟我離婚。」如果她真的變重，我不確定理查是否真的會跟她離婚，我猜是不會。不過，最讓我難以置信的是，她竟然沒意識到自己一直對我說這種話有多沒禮貌，畢竟她知道我超過五十七公斤，而且比她重很多。她其實只要說「不用了，謝謝，不用給我蛋糕」不就好了。

§

我拿到等了一輩子的委託：有人請我繪製某位知名政治人物的肖像，要展示在倫敦的國家肖像館。我高興得不得了，獲邀前去那位政治人物的家中，拜訪他和他的太太，共享了晚餐。幾週後，我跟妹妹和她男友一起看電視，節目談到我要畫的那位政治人物。我興奮地說：「看，是他！還有他老婆！我去過那個房間，坐過那張椅子……那是他們家的客廳！」我高興地說著，但他們不僅不理我，還不看電視螢幕（而且是同一時間，他們很可能排練過了），滑起手機。過了五分鐘，他們站起來，打呵欠地說：「我們要睡了。」

§

岳父害我太太錯過她自己婚宴的晚餐。我們結婚的時候，在飯店宴客，兒子當時才三個月大，他跟保母一起待在我們的房間裡。岳父愛慕虛榮，想對自己的弟弟和弟妹炫耀飯店有多時髦（但錢不是他付的，他沒提到這點），所以就帶他們參觀，闖進每個人的房間，甚至闖進我們的房間，兒子醒來了，哭得歇斯底里，無法安撫，太太不得不離開婚宴現場安撫兒子，我永遠也不會原諒岳父那天對我太太的糟糕行徑。

§

我先生和我打算晚上去見許久不見的老友羅伯和凱莉，我們把兒子艾迪留在我爸媽家，請他們幫忙照顧。當我們準備離開時，我聽到我媽對艾迪說：「把你的鞋子穿回去，你的腳會冷。」

我大聲回答：「媽，沒關係！他在家都不穿鞋子。」

我媽來到走廊，一臉不悅地說：「可是他的腳會冷。」

「其實不會，都七月了，很溫暖，他的腳不會冷……他在家都不穿鞋子，只有出門才穿。」她看起來很不高興，但似乎也接受了，最起碼她沒再爭辯。

接著，我們開車去老友家，才剛把車子停在外頭，我的手機就響了，是我媽。我沒想到她會打來，畢竟我們才剛道別，那時我們大約半個月見爸媽一次，但跟凱莉和羅伯已將近一年沒見。我開心問她：「嗨，媽，什麼事？」我猜想著是不是我們不小心把東西忘在她那裡。

「我很氣妳。」她的聲音憤怒到有些顫抖地說。

我不曉得自己做了什麼事惹到她，就問她原因。我先生皺眉，指向羅伯與凱莉居住的公寓大門，我聳了聳肩。我媽那麼生氣，我怎麼可能掛掉電話？只好讓很久沒見的朋友等了。當時我很確定這段談話應該花不了幾分鐘的時間。

她解釋生氣的原因。因為我對兒子說，不用把鞋子穿回去，但我媽在那之前就說他應該穿回去。認為我在反駁她，不尊重她。她說：「在妳自己家，你們可以自由按照自己的意思做，但妳剛才是在我家。」

我媽一直都是穿著戶外鞋進出自己與別人家，除非她在床上或準備上床睡覺，否則都是穿著鞋子，就算只是在客廳拿著一杯雪莉酒看電視，也不會脫鞋。

我冷靜地說：「媽，我了解『我家，我的規矩』原則，但那適合用在『會掉屑屑的零食不要在客廳吃』、『凌晨三點不要大聲放重金屬音樂』這類情況，但妳的原則並不適合用在客人身上，因為他們可以選擇要穿什麼。想想看，假如妳每次來我家，我都要妳戴著桃莉．巴頓（Doll Parton）*的金色捲捲假髮，直到離開為止，這樣合理嗎？妳會同意嗎？」

我有個奇特的潛能，對方要是不講理、攻擊我，我就會變得伶牙俐齒、戰力超強（也許是因為我練習了很多遍）。如果換成是在其他情況下，我有可能會失去冷靜，表現得像個傻瓜，但絕對不會是以一種完全荒謬的方式被欺壓。

我媽在邏輯程度上爭不過我，就改採情緒勒索，表明自己犧牲整晚的時間幫我照顧小孩，但她的快樂與需求，難道我就不在乎嗎？我解釋：「我當然在乎，但在乎對方的快樂、感謝對方的幫助，並不表示對方希望我穿什麼，我就得穿什麼。」

＊桃莉．巴頓是美國歌手、詞曲作者，以鄉村音樂的創作和演唱而聞名。

這段時間我先生一直坐在我旁邊，他以動作向我示意，我們現在大遲到。我對我媽說，我真的要走了，凱莉和羅伯在等我們，如果她真的覺得必須繼續討論艾迪的鞋子，隔天我會再聯絡她。突然，她的聲音變得很冷漠：「最好小心點，妳接下來做的事和說的話，都最好小心點。」這無疑是威脅。

我知道她絕對不會傷害艾迪，但我討厭她讓自己的聲音聽起來冷漠惡毒，並在這種不滿情緒下照顧我兒子。我問：「對什麼小心點？」

「有一天我死了，妳就會後悔堅持這項原則，害孫子再也不能來我家。」

「什麼？妳是說我不讓艾迪在妳家穿鞋，他就不准待在妳家？」

「我才不會說孫子不能來我家。」她嘆氣。

「可是妳剛才的意思就是那樣，不然妳是什麼意思？妳到底是威脅我什麼？我知道有一天妳會死，但只要妳活著，不管穿不穿鞋，艾迪和我照常去看妳的話，究竟會有什麼問題？」

坐在我旁邊的先生翻了白眼，搖了搖頭，彷彿在說：「到底想怎樣？」我用動作向他示意，要他先進去。我很清楚，今天晚上我絕對開心不起來，我媽竟然提到自己的死。她得過癌症，雖然沒有復發，但理論上隨時有可能會惡化害死她（大概五年後，理論成真。對於那時沒讓她欺壓或情緒勒索，我從來都沒有後悔）。

先生讓我繼續處理，自己先去朋友家。母親問我，到底會不會讓艾迪穿上鞋，我說不會。接著，她突然開始長篇大論地攻擊我，覺得我這麼多年來，一直表現得好像根本不在乎她對任何事的想法和感受，認為我好像不愛她。

我對她說，我的確愛她，可是她不講理，設法強迫我違背自己的意願，按照她的意思去做，我不能讓自己被強迫，因為這跟愛不愛她是兩回事。等到她聽起來比較正常冷靜，我能放心讓她自行決定該怎麼做時，已經過了兩個半小時，我竟然錯過跟凱莉和羅伯相處的一大段時間。我記得當時很以自己為榮，挺身對抗母親。現在對這起事件卻有截然不同的感受。

那天晚上，我任由她占據了自己的時間。其實我應該很早就掛掉電話，說：「對不起，媽，我現在沒辦法談，這件事必須下次再討論。」如果我不放心她在火冒三丈的情緒下，還要照顧艾迪，就應該開車回去接兒子，並帶到羅伯和凱莉家。假如時間倒流的話，我會那麼做。

§

我和太太珍妮要去度假，大學認識的某個友人和他太太也一起同行，我們各自都有小孩，我的小孩芬恩，大概一歲左右，友人則是雙胞胎女兒，約九個月大。

珍妮和兩位友人要去哄小孩睡覺，那時我們還沒享受「成人相處時光」，我以為等一下他們都會回來，到時可以開瓶葡萄酒，好好聊聊近況。但芬恩不好哄睡，所以珍妮還在努力中。此時，兩位友人穿著網球裝，帶著網球拍，出現在樓下。

「我們要去打網球，能不能幫忙看著我們的女兒？」我答應了。接下來的兩個小時，珍妮和我不僅在顧小孩，還做了晚餐。但真正讓人生氣的是，他們竟然沒先詢問我們的意願，就先穿好網球裝，準備出門！

突然間，那個假期與其說是帶孩子聚會聊天的好機會，不如說是他們去做自己想做的事，而我們被當成現成保母。我們感到自己好像被當成傻瓜，從此以後，我不僅對他們有點記仇，還把這個怨恨遷怒到別人身上。對於所有可能希望我跟那對夫妻一起度假的朋友，我現在都懷著某種替代又不講理的怨恨，還會直接拒絕同行。

§

我剛生完第一胎休產假時，正享受著這段再也不會經歷的時光，此時有個客戶決定以他荒謬的論點打斷我的休假。這位客戶說他對我們的表現已經不滿好一陣子，由於他的產品已重新開發，所以不想冒險把產品交給我們處理。但實際上，我們一直很努力幫他做出最佳產品，對於這長久以來的合作關係，他從來沒有抱怨過。

後來我們發現，他其實已經開發出全新種類的產品，並且已經賣給另一家公司（但那產品是在我們的合約裡），他賺了一大筆錢，而那家公司的產品與他的新產品很類似，也取得相當大的成功。

假如當初他對我說，他知道自己賣這款新產品會賺更多錢，那我完全樂見其成。因為我們不想支付更多錢，所以會有風度地放手，但他假裝這件事是我們的責任，還打擾我的休假要我處理，這讓我一直記仇。

§

幾年前的耶誕節，我跟一群朋友玩比手畫腳，包括我的朋友羅蕾娜和她男友達倫。跟我同一隊的人，是達倫和我男友蓋瑞。達倫比手畫腳時，我一直說出正確答案，但他似乎聽不到我的聲音一樣。我的男友蓋瑞留意到這個情況，開始在我之後說出答案。但達倫總能聽到他的聲音，還說：「對，蓋瑞答對了！」但明明先猜對的人是我！我感覺到他有點輕視我，認為我猜不出答案，所以才不理我。

我勃然大怒，指責他沒聽到我的聲音，是因為他不尊重我是女人。當然，我們後來和好了，也還是好朋友，而且達倫和羅蕾娜結婚的時候，我還是伴娘。不過，我仍然覺得他沒有認真看待我，也老是讓我在對話中意識到這點。羅蕾娜此後向我吐露，他的確也經常沒聽她說話，這點證實了我的猜測。

§

有好多年，我一直對學校的某個女生記仇。有次我上廁所時，她撕了我的大象艾瑪漂亮塗色本，還丟到垃圾桶裡。當時我們大約六歲，所以目前是記仇二十年！

§

我不確定自己能否讓別人理解這個怨恨。我試著向別人解釋為什麼會記仇這樣一件顯然無害的行為，但我說了以後，人們多半皺皺眉頭說：「那又怎樣？」可能覺得我瘋了，你可能也會這麼想。

事情是這樣的，我是作家。幾年前，父親為了慶祝我的生日，送給我一幅「企鵝*

經典系列書籍封面」的裱框海報，上面是我的書，彷彿我的著作是企鵝的經典系列。但其實我的第一本小說是由另一家出版社出版。

這個禮物的笑話、概念、重點是這樣的：哈哈，我們來假裝你的書是企鵝經典系列。我寫了一本小說，負責的出版社樣樣都跟企鵝一樣好，銷量也很不錯，所以不應該自以為高人一等地做樣子說：「哈哈，我們來假裝那是企鵝經典系列。」我認為那份禮物的真正意思是：你也許出了書，但不是企鵝經典系列。

我不喜歡那幅海報還有另一個理由，我覺得父親肯定曉得出版圈有品牌意識，品牌對出版社和作家都很重要。父親送我的那幅海報，把我的書刻畫成企鵝經典系列，等於是玷汙我的書。當時我說，那有點像是把一個寫著「阿森納足球俱樂部（Arsenal Football Club）**經理亞歷克斯．佛格森」的馬克杯，送給曼徹斯特聯隊（Manchester United）經理亞歷克斯．佛格森。

---

* 指企鵝出版集團（Penguin Books），一九三五年由埃倫．雷恩（Allen Lane）所創立，二〇一三年企鵝出版社與德國博德曼集團（Bertelsmann）的藍燈書屋（Random House）合併，成為「企鵝藍燈書屋」(Penguin Random House)，成為全球出版霸主。

** 阿森納足球俱樂部（Arsenal Football Club），是一家位於英國倫敦的足球俱樂部。

§

我的大兒子以前上學時，有個小孩（暫且叫他葛拉罕）對每個人都很壞，他一週會弄壞我兒子的新眼鏡三次。導師與葛拉罕的母親約談過後，葛拉罕的母親竟然說我兒子是「膽小鬼」，似乎是希望我同意她的看法，未料被我痛斥一頓。基本上我是說她兒子是差勁的惡棍。即便過了二十七年，我一聽到葛拉罕的名字還是會不自在，希望他們都有悲慘可怕的遭遇。

§

我第一次買票看「Take That」的時候，還有五名團員，但等到演唱會當天，只剩下四個了。所以他們要不是欠我七．二英鎊，要不就欠我一場羅比．威廉斯的表演。

§

我是一位非常寬容的人，但要是有人踩到我的底線，我就當對方死了，稱為「老友墓地」。怎麼說呢？我這人的想法就是很黑暗。

前男友就是絕佳例子。我跟他交往五年，他是徹頭徹尾的自戀狂，常常對我說我有多出色，我對此也深信不疑。當我放棄酒精，情感正脆弱的時候，他竟然精心策畫好讓我倆分手的說詞，還說這是我希望的。

接下來，他還是密集傳訊息說愛我，這種狀態長達八個月之久，我們還是會見面、發生關係，直到最後我才發現他跟別人交往，所以才會甩掉我。我對他的怨恨沒有止境，大部分是氣自己被一個大騙子耍得團團轉（但我對他的新女友完全沒有怨恨）。

§

有位經常來我家的客人，不時試圖害死我的狗，嗯，也許不算是主動。那位客人沒勒住她，也沒試著刺她，但他做的一些事情，例如：不小心亂放超濃巧克力；「忘記」關大門，希望狗會跑到馬路上被撞死。這個人來我家時，我會一直看著我的狗，並把大門鑰匙藏起來。

§

在外人眼裡，我妹看起來人超好，但在家人眼裡，她沒禮貌、好鬥、愛辯。我們住在澳洲，耶誕節是在夏天，有一年我妹堅持要去海邊過節，單程就要一個多小時，而且我還要帶兩個小孩（分別是一歲半和三歲半），但我同意了。

那天下雨了，不是短暫陣雨，天氣預報還說會下很久。我要求換地點，但她回絕了，我們待在雨中的沙灘上，最後孩子心情很差、被淋濕又玩得不盡興，我決定要回家，卻被罵髒話、恐嚇，還說我很自私。此後，我大概有三年沒跟妹妹講話，我對這個怨恨十分滿意，覺得自己變厲害了。

§

有一年耶誕節快到了，家政課要做糖霜蛋糕，我雖然不擅長，但也盡了全力。我將蛋糕擺在櫥櫃裡，讓糖霜定型硬化，下一堂課，老師把櫥櫃裡的蛋糕一一拿出來，詢問是誰做的。

當拿出我的蛋糕時，她在全班面前說：「這做得一團糟，是誰的？」直到今天，我還是可以感受到當時的羞辱與憤怒感。就算那是四十六年前的事，就算她還活著，已經八十幾歲了，如果我看到她，肯定會開心地把卡士達派砸到她臉上。

§

七歲時，我有一個用來裝蠟筆的金屬罐。爸爸因為不喜歡罐子亂放，就擺在暖爐上，即便我對他說蠟筆會融化，他也覺得不會。結果一整晚下來，猜猜怎麼了？蠟筆融化了！我永遠也忘不了那些融化的蠟筆。

§

我記仇的對象是我的婆家。當我得知我先生酗酒，而且有一部分是童年陰影所致，就立刻蒐集研究資料，努力幫他康復；但他的家人卻對此是全面否認。

我先生去探望他們時，他們從來沒提過這件事，並在他提起這個話題時轉移焦點，實際上還試圖說服他，想讓他以為我才是問題所在。他們說我壞話，認為我對小孩們的占有欲太強，令人擔心，也說我不歡迎他們來訪。

他們傳訊息給我先生，試圖在情緒上操控他，好讓他在情緒上控制我，他被惹惱後，再度酗酒。我最後一次嘗試跟他們劃清界線，他們不想讓步，甚至他的妹妹還變得更加挑釁，因此我決定斷絕往來，到現在為止已經好幾年沒見到他們了。

假如他的家人願意不再讓人感到內疚，我也願意完全放下對他們的敵意。不過，這種事絕對不可能發生，所以我仍然感到憤怒。對於那個曾是小男孩的先生，我非常難過，因為他被教導不會有人在乎他的感覺，學到了不值得被愛和缺乏歸屬感。我覺得這個怨恨是適當負起責任的表現，老實說也很有幫助。

我把這個怨恨保留到最後，讓它成為本書最後一個「別人的怨恨」。我尤其喜歡最後一句話：良好的怨恨就是適當負起責任，這也是實現一小部分的私人正義。

記仇認知測驗

「原諒你的敵人，但永遠不要忘記敵人的名字。」

——約翰・甘迺迪（John F. Kennedy），美國前總統

回想你剛開始閱讀本書時所做的測驗，現在你對記仇有更深入的認識，在這提供另一項測驗作為圓滿的結束，評估你對怨恨的看法有多大的變化。

【題目】

1. 之前總是干擾你工作的人，現在對你做的某件事印象深刻，使他們對你採取很明顯的支持行動。你會怎麼做？

a. 還是不信任他們——依舊記得他們以前不支持的行為，這讓你無法釋懷。

b. 採取新態度，拋下怨恨。

c. 感到困惑，他們到底喜不喜歡你做的成果？

2. 聽到有老師指責你女兒做了某件事，但她沒有做。甚至還趁你女兒缺席時，對班上的人說她不認真（但不是事實）。學校相信你女兒，不相信老師，你女兒也沒受到處罰。這學期結束後，老師就會離開。你會怎麼做？

a. 全部忘掉——你女兒沒受到處罰、老師也要離開了，所以沒有造成傷害。

b. 禮貌地質疑那位老師——問老師為什麼這樣對你女兒，你覺得很不公平。

c. 記仇那位老師——跟你女兒一起說老師壞話，使女兒明白媽媽站在她這邊。

3. 朋友向你分享某家公司錄取她，是夢想已久的工作。但你連她去應徵都不知道，這讓對她無話不談的你來說，覺得很受傷。但實際上，朋友是擔心沒錄取的話，覺得出糗、尷尬，所以才沒講。這時你會怎麼做？

a. 記仇，因為假如是你碰到同樣情況，就會跟她說。

b. 不記仇，體諒她的動機並恭喜她——不存芥蒂。

c. 恭喜她，但重新考量自己會不會跟以前一樣無話不談。

4. 你母親有了新男友，她告訴你的兄弟姐妹，但就是沒跟你講。後來，她跟你說：「你應該已經聽說吉姆的事了！我希望你見見他。」此時你會怎麼做？

a. 把這句話當成是她在告訴你吉姆的事——她已經告訴你，就像她之前告訴你的兄弟姐妹。

b. 認為這不公平，其他兄弟姐妹就應該被告知，但你只能是「發現」，她只仰賴兄弟姐妹告訴你，使你覺得不公平而記仇。你可以依照自己是否想見母親男友，決定要不要說出這句話：「對，我聽說過吉姆的事……我想見見他。」記住，你必須在情感上保護自己，以免母親不公平地對待你。

c. 說出以下的話：「吉姆是誰？沒聽過他。如果你希望我知道這個人，就應該跟我說他的事。」

5. 每當你跟朋友席拉在電話裡聊到你的重要大事時，她就會設下時間限制。例如十或十五分鐘後，她要去處理工作、小孩、狗、她先生或當義工。在你認識的人當中，席拉算是很忙的，但你也跟她一樣，可是若換成席拉需要你長時間陪她聊自己的問題時，就要求你取消本來要做的事，或提早起床，或晚點睡覺，給她無限的關注。現在，你會怎麼做？

a. 拋下她，找新朋友，因為她顯然是個自私的人。

b. 繼續這段友誼與喜歡她這個人，但懷著「無法互惠」的怨恨（記住，席拉對你的付出程度一直不如你對她的），調整你陪伴她的時間。思考一下，既然你也很忙，你還會將不會同等對待你的人，視為第一嗎？

c. 不記仇——如果你是慷慨付出時間和關注，她自己決定想跟你聊多久就多久，你不應該期望回報。

6. 有人勸你不應該一直對馬克心懷怨恨，因為這不僅對你不好，他也會以不同的眼光看待你。這時你會怎麼做？

a. 認為記仇其實對我有好處，並說明理由——闡述你從本書中學到的記仇之道。

b. 誰說這種話就記仇誰，因為他不該對你親身經歷的感受與想法指指點點。只要對方說：「哦，天啊！我說這種話，很對不起，這完全無法接受。」你就可以徹底放下，不再記仇。

c. 什麼話都不說，說了有意義嗎？不過，因為他說的話不對，所以對那個人記仇。

7. 有人建議你應該跟記仇對象開誠布公、把話說開，不該私下記仇，甚至指責你是雙面人，這時你會怎麼做？

a. 跟他們解釋，你的怨恨不是針對對方，而是與他有關，並且也沒義務要誠實揭露你的想法和感受。你可以同時繼續維持友好的態度，只要不主動欺騙對方「你是我最愛的人」就好，想抱持什麼想法是你的自由，即便想法負面也無妨。

b. 如果你記仇但仍保持友善，對方回以良好的行為，使你決定放下怨恨，這樣很好！否則，從你的角度來看，這段關係已有基本缺陷，無法改善，那還有什麼義務要百分之百地誠實溝通呢？

c. 問他們，假如你要見的對象會帶三把槍，並曾有多次開槍射你的經驗，那他們還會建議你脫下防彈背心嗎？如果他們說不會，就進一步解釋，怨恨所具備的保護作用就是如此。

d. 以上皆是。

【測驗答案】

各題的正確答案是b，只有最後一題是d。就算沒有全部答對，也別擔心，不要懷著自我型怨恨。畢竟你才剛讀完本書，還需要一段時間「記仇之道」的智慧才會成為第二天性。在記仇之道上繼續前進吧！一切都會好起來的。如果不明白自己選的答案為什麼是錯的，想問我原因的話，請寄電子郵件到grudgescanbegood@gmail.com，我很樂意跟你討論。

結語
實踐記仇之道，好事就會發生

結束前，分享一則小故事。

有一次在希臘搭郵輪，我遇到一位大師。我對他說，我習慣記仇，也強烈渴望伸張正義，他說：「相信我，沒人可以僥倖逃過懲罰。」當時我心想：「老兄，你瘋了嗎？」不過，現在我很理解他的意思，也贊同他的看法。

我認識一個叫做蘭斯洛特的男人（這是我編造的最後一個名字，拜託，就讓我浮誇點），他支持某件很糟的事，但他明明可以做出別種選擇，使他免於鋃鐺入獄或被放逐到西伯利亞，但他做出的差勁選擇引起人們注意，導致他錯失諸多美好事物。假如他當時能做出更道德的決定，結局肯定跟現在相反。若比較蘭斯洛特與薩爾達之間的同異處，薩爾達為人親切、道德良善，正因為她有一股善良的力量，認識她的人才會熱心慷慨提供她機會、贈禮與幫助。

我的親身經驗也支持這項理論（科學家會說：「別想了，她沒辦法證明……」我知道自己不能證明，這只是理論罷了，輕鬆點）。每當我做出或說出小心眼、小氣的事情與言論時，幾乎是立刻被痛苦擊潰。反之，每當我做了體貼、善良的事，或抗拒了卑鄙的衝動，往往就有美好的事發生在我身上。

對於我們這群記仇之道的追隨者來說，這是好消息，為什麼？因為這就表示世界或心靈圈所稱之的「宇宙」，也是記仇之道的追隨者。當然，你也不用相信我說的話，請實踐記仇之道，很快就會看見事實，並將證明某個人或某樣事物正在以讚許的目光，微笑俯瞰你的怨恨櫃與你小心收藏的種種怨恨。

如果你很想跟我一起深入探究怨恨主題，聽更多令人瞠目結舌的記仇故事，請收聽我主持的全新 Podcast 節目，名稱跟本書書名一樣，是《*How To Hold A Grudge*》，是免費下載。在那裡見囉！

我的朋友啊！要安全並好好記仇！

MEMO

HEART
心|視野 心視野系列 084

成大事者，懂記仇

國際巨星、奧斯卡獎得主、暢銷作家……謝謝那些不甘心、被輕視、被冒犯的一切，把怨恨化成變好的動力

How to Hold a Grudge: From Resentment to Contentment—The Power of Grudges to Transform Your Life

作　　者　蘇菲．漢娜（Sophie Hannah）
譯　　者　姚怡平
總 編 輯　何玉美
主　　編　林俊安
責任編輯　黃纓婷
封面設計　張天薪
內文排版　黃雅芬

出版發行　采實文化事業股份有限公司
行銷企劃　陳佩宜・黃于庭・蔡雨庭・陳豫萱・黃安汝
業務發行　張世明・林踏欣・林坤蓉・王貞玉・張惠屏
國際版權　王俐雯・林冠妤
印務採購　曾玉霞
會計行政　王雅蕙・李韶婉・簡佩鈺
法律顧問　第一國際法律事務所　余淑杏律師
電子信箱　acme@acmebook.com.tw
采實官網　www.acmebook.com.tw
采實臉書　www.facebook.com/acmebook01

I S B N　978-986-507-497-5
定　　價　380 元
初版一刷　2021 年 10 月
劃撥帳號　50148859
劃撥戶名　采實文化事業股份有限公司
104 台北市中山區南京東路二段 95 號 9 樓
電話：(02)2511-9798　傳真：(02)2571-3298

國家圖書館出版品預行編目資料

成大事者，懂記仇：國際巨星、奧斯卡獎得主、暢銷作家……謝謝那些不甘心、被輕視、被冒犯的一切，把怨恨化成變好的動力 / 蘇菲．漢娜（Sophie Hannah）著；姚怡平譯 . – 台北市：采實文化，2021.10
352 面；14.8×21 公分 . --（心視野系列；84）
譯自：How to Hold a Grudge: From Resentment to Contentment—The Power of Grudges to Transform Your Life
ISBN 978-986-507-497-5（平裝）
1. 成功法 2. 生活指導 3. 寬恕
177.2　　110012687

How to Hold a Grudge: From Resentment to Contentment—The Power of Grudges to Transform Your Life

采實出版集團
ACME PUBLISHING GROUP

HEART

心｜視野

HEART
心|視野